w_orten
& meer

Dieser Band wurde umweltfreundlich gedruckt:

- auf 100% Recyclingpapier, FSC-zertifiziert mit dem Blauen Engel
- mit mineralölfreien Druckfarben ohne Isopropanol
- ohne Folie kaschiertes Cover
- uneingeschweißt

RECYCLED
Papier aus Recyclingmaterial
FSC® C105965

Umfassende Nachhaltigkeit in Bezug auf natürliche Ressourcen und soziales Miteinander ist Verlagskonzept: Wir beziehen Ökostrom, reparieren, statt neu zu kaufen, unser Bürobedarf ist ökologisch, wir reisen per Bahn und versuchen alle Arbeitsprozesse möglichst fair zu gestalten. Wir setzen uns ein für ein wertschätzendes und ressourcenschonendes Sein in Welt.

Birgit Palzkill: Nicht binär leben.

1. Auflage, Hiddensee: w_orten & meer, 2024
ISBN 978-3-945644-446-1

Cover und Layout: bureau zanko – zankoloreck.de
Druck: Oktoberdruck GmbH, Grenzgrabenstraße 4, 13053 Berlin

Verlag für verbindendes diskriminierungskritisches Handeln
Süderende 86, 18565 Insel Hiddensee
kontakt@wortenundmeer.net
www.wortenundmeer.net

w_orten
& meer

BIRGIT PALZKILL

NICHT BINÄR LEBEN

INHALT

EINLEITUNG

WARUM, WIE UND FÜR WELCHE MENSCHEN DIESES BUCH GESCHRIEBEN WURDE

WARUM EIN BUCH ÜBER NICHT BINÄR LEBEN

»Bist du ein Mann oder bist du eine Frau?« Meine Antwort auf diese Frage löst fast immer Überraschung aus: »Ich bin kein Mann, ich bin keine Frau, ich bin nicht binär.« Meist schaue ich in fragende Gesichter, bisweilen begleitet von Unverständnis oder gar Ablehnung. Nicht binär zu leben ist zwar heutzutage kein Tabu mehr. Internationale Stars wie Elliot Page und Sam Smith haben öffentlich erklärt, nicht binär zu sein. Mit einem Song über das eigene nicht binäre Leben hat Nemo den ESC 2024 gewonnen und in Filmen und Fernsehsendungen begegnen uns nicht binäre Charaktere. Zunehmend treffen Menschen auch im familiären

Umfeld, im Kreis befreundeter Personen oder im beruflichen Kontext auf Jugendliche und Erwachsene, die sich selbst als nicht binär bezeichnen oder durch Selbstbezeichnungen wie genderqueer, genderfluid, agender, bigender, polygender, genderfrei und viele weitere in noch differenzierterer Weise zum Ausdruck bringen, dass sie sich als nicht binär begreifen. Meist stehen dann ausgesprochen oder unausgesprochen Fragen im Raum:

Was meint es genau, nicht binär zu sein?

Wie bist du dazu gekommen, dich so zu bezeichnen?

Woran erkenne ich, dass eine Person nicht binär lebt?

Warum können nicht binäre Menschen nicht einfach ein femininer Mann bzw. eine maskuline Frau sein?

Ist das eine Modeerscheinung?

Warum ist das wichtig, ist das nicht Privatsache? Usw.

Wie die meisten nicht binären Menschen habe ich solche und ähnliche Fragen unzählige Male zu beantworten versucht. Doch in einem kurzen Austausch ist das nur sehr begrenzt möglich. Zu facettenreich und unterschiedlich gestaltet sich nicht binäres Leben, um es ›kurz‹ zu erklären. Es braucht Zeit und Vertrauen, sich darüber zu verständigen. Ist beides nicht gegeben, so macht sich erfahrungsgemäß in Gesprächen schnell das Gefühl breit, die eigene Existenz rechtfertigen zu müssen – beweisen zu müssen, dass es mich wirklich gibt als nicht binären Menschen. Solche Gespräche und die Erwartung, sich immer wieder zu erklären, die immer gleichen Fragen zu beantworten und Aufklärungsarbeit zu leisten, sind für viele nicht binäre Menschen sehr belastend. Sie sind ermüdend und erschöpfend. Aus dieser Erfahrung heraus entstand meine Idee, dieses Buch zu schreiben.

Es richtet sich an nicht binäre Menschen selbst. Und es richtet sich an alle, die Interesse an nicht binärem Leben haben und

Antworten auf die gestellten Fragen suchen – unabhängig davon, ob ihr Interesse privater oder beruflicher Art ist. Vielleicht haben sie in ihrem familiären Umfeld, im Sportverein oder im Kreis von befreundeten Menschen eine nicht binäre Person kennengelernt. Vielleicht sind sie im beruflichen Bereich mit dem Thema befasst, sind beispielsweise in der Organisationsentwicklung oder Personalführung tätig oder haben im schulischen, medizinischen, sozialen oder therapeutischen Bereich Kontakt mit nicht binären Menschen. Das Buch gibt nicht binären Menschen eine Stimme, es macht nicht binär zu leben verständlich und begreifbar und die Vielfalt nicht binären Lebens sichtbar. Es ist, so hoffe ich, eine gute Grundlage für weiterführende und fruchtbare Gespräche und regt dazu an, die unendliche Komplexität des Themas weiter aufzufächern und zu vertiefen.

Möglicherweise entstehen beim Lesen des Buches auch neue Fragen und es kann sein, dass Irritationen oder Verunsicherungen auftauchen. Dies als produktiv zu begreifen und als Inspiration für weiteres Nachdenken und Ins-Gespräch-Kommen zu nutzen, ist ein Anliegen des Buches. Wir leben in einer Gesellschaft, in der es als natürlich und selbstverständlich gilt, dass es nur die beiden Geschlechter Mann und Frau gibt. In einer solch zweigeschlechtlichen Ordnung, die auch binäre Geschlechterordnung genannt wird, werden alle Menschen mit Vorstellungen und Idealen von Männlichkeit und Weiblichkeit konfrontiert. Zwar entspricht keine Person diesen Idealen vollständig und viele Menschen wollen das auch gar nicht. In einer binären Geschlechterordnung gilt es jedoch als selbstverständlich, sich zumindest insoweit anzupassen, dass ich eindeutig einer der beiden Kategorien Mann oder Frau zugeordnet werden kann. Diese scheinbare Selbstverständlichkeit und diese tief verankerten Denkweisen werden unweigerlich in Frage gestellt, wenn ich mich mit nicht binärem Leben beschäftige. Das kann irritierend sein, an alten Kränkungen rühren und verunsichern. Es kann längst vergessene Erinnerungen an Beschränkungen in der eigenen Kindheit heraufbeschwören. Sätze wie »Als Mädchen solltest du …« oder »Als Junge musst du …« können wieder lebendig werden. Oder es drängt sich die Frage auf, inwieweit ich mich auch als erwachsener Mensch im eigenen Ausdruck und Verhalten beschränke, um nicht zu sehr aus der Rolle zu fallen. Kurz: Sich damit zu beschäftigen, nicht binär zu leben, ist zwangsläufig damit verbunden, sich mit Zuweisungen und Beschränkungen auseinanderzusetzen, die eine binäre Geschlechterordnung für jeden Menschen mit sich bringt.

Vor solchen Fragen und den Herausforderungen, die es in einer zweigeschlechtlichen Ordnung zu bewältigen gilt, stehen auch nicht binäre Menschen selbst. Auch sie sind in der Regel bei der Geburt als Junge oder Mädchen kategorisiert worden und müssen sich mit den binären Vorstellungen und Bildern von Geschlecht auseinandersetzen, die an uns alle herangetragen werden. Während Männern und Frauen zahlreiche, sehr verschiedene Rollenbilder als Vorbild dienen können, sind nicht binäre Menschen dabei auch heute noch weitgehend auf sich selbst gestellt. Der Weg hin zu der Erkenntnis, sich keiner der beiden Kategorien Mann oder Frau zuordnen zu können oder zu wollen, ist vor diesem Hintergrund nicht einfach zu bewältigen. In einer zweigeschlechtlichen Gesellschaft braucht es viel Kraft und innere Stärke, diesen Weg gegen alle Infragestellungen, Ausgrenzungen, Angriffe und die damit einhergehenden eigenen Verunsicherungen zu gehen. Die Erfahrungen und Geschichten anderer nicht binärer Menschen kennenzulernen, kann sehr unterstützend und stärkend sein. Dabei ist es nicht bedeutsam, ob eine Person für sich den Begriff nicht binär verwendet oder eine andere Selbstbezeichnung (etwa genderqueer, genderfluid, agender, bigender, polygender, genderfrei oder noch anderes) benutzt.

Nicht binär beschreibt keine neue feste Geschlechterkategorie. Der Begriff wird in diesem Buch im Sinne eines Schirmbegriffs verwendet, der die Vielfalt aller Menschen umfasst, die sich keiner der beiden binären Geschlechterkategorien fest zuordnen.

Mir ist es ein Herzensanliegen mit diesem Buch den Austausch und die Diskussion unter nicht binären Menschen in ihrer ganzen Vielfalt und getragen von gegenseitigem Respekt anzuregen. So soll das Buch zu einer positiven und gegenseitigen Selbstvergewisserung beitragen und nicht binäre Menschen individuell und kollektiv stärken.

Nicht zuletzt eröffnet das Buch auch für alle, die nach Einführung des neuen Selbstbestimmungsgesetzes 2024 über ihre eigene Geschichte, ihre eigenen genderbezogenen Erfahrungen und Herausforderungen neu nachdenken, viele Inspirationen.

ZUR ENTSTEHUNG DES BUCHES – DIE INTERVIEWS

Grundlage des Buches sind Interviews, die ich mit siebzehn nicht binären Menschen im Alter von 20 bis 70 Jahren geführt habe. Der Kontakt zu den einzelnen Personen entstand zum einen dadurch, dass ich mein Projekt persönlich im Rahmen von queeren Arbeitszusammenhängen und diversen Veranstaltungen vorgestellt habe, bei denen ich nicht binäre Menschen im Publikum vermuten konnte. Zum anderen habe ich Personen aus der queeren Community, aus queeren Beratungsstellen und Projekten gebeten, nicht binäre Menschen anzusprechen und bei ihnen für eine Teilnahme zu werben. Durch die persönliche Vermittlung konnten die Angesprochenen Vertrauen darin gewinnen, dass die Gespräche auf Augenhöhe verlaufen und dem gemeinsamen Ziel dienen, sich als nicht binärer Mensch zu empowern.

In jedem Interview haben die Interviewten und ich gemeinsam den bisweilen sehr langen Weg nachgezeichnet, der von der Einordnung als Junge oder Mädchen über viele Umwege und Sackgassen bis dahin führte, sich als nicht binär zu begreifen. Jedes Interview nahm mich mit auf eine Entdeckungsreise, die für mich ebenso wie für die Interviewten sehr bewegend war. Es war beeindruckend und faszinierend in der Rückschau auf das bisherige Leben noch einmal zu sehen, mit wie viel Stärke, Klarheit und Mut die Interviewten für sich selbst und ihre persönliche Wahrheit eingestanden sind und bis heute immer wieder einstehen.

Gleichzeitig war es belastend, in jedem Gespräch mit den Erfahrungen von Diskriminierung, Infragestellung, Ausgrenzung und Gewalt konfrontiert zu werden, denen wir als nicht binäre Menschen in einer zweigeschlechtlichen Gesellschaft tagtäglich ausgesetzt sind.

Schon in den ersten Interviews wurde sehr deutlich, wie groß vor diesem Hintergrund das Bedürfnis ist, sich zu vernetzen und auszutauschen. Mein Vorhaben, die ersten Ergebnisse der Interviewauswertung während eines Treffens vorzustellen, zu dem alle Interviewten eingeladen waren, traf auf großes Interesse. Es fand im Sommer 2023 statt, und es war für alle Beteiligten sehr bereichernd und stärkend, sich gegenseitig kennenzulernen, auszutauschen und über die Zwischenergebnisse zu diskutieren. Die Rückmeldungen der Interviewten bestätigten und vertieften meine Interviewauswertungen, machten mich auf fehlende Aspekte aufmerksam und gaben mir zusätzliche Impulse, die in den vorliegenden Text eingeflossen sind. Darüber hinaus hat mir unser Treffen noch einmal vor Augen geführt, welch faszinierende Persönlichkeiten ich interviewen durfte und wie wichtig es ist, dass ihre Stimmen gehört und ihre Geschichten erzählt werden.

Bei den Interviews kam mir meine Erfahrung zugute, die ich vor mehr als dreißig Jahren in einer Interviewstudie zu lesbischem Leben gemacht habe. Auch in den damaligen Interviews ging es um die Auseinandersetzung mit herrschenden Geschlechterverhältnissen und um das je eigene Verständnis von Geschlecht. In meinem Buch »Zwischen Turnschuh und Stöckelschuh« von 1995 zitiere ich aus einem Brief, der mir in diesem Zusammenhang geschrieben wurde:

»Um es gleich vorweg zu klären: … Ich bin kein Mann, ich will nicht als Mann leben – aber auch nicht als Frau! Damit ist mein Problem exakt beschrieben … Versteh mich nicht falsch. … Es geht darum, das eigene Geschlecht, den eigenen Sex, die eigene Sinnlichkeit, Begierde und Lust entwickeln zu können, ohne sie in die engen Korsetts des Frau-Seins oder Mann-Seins als einzige Seins-Weisen in dieser Welt einsperren zu müssen. In diesem Sinne geht es in der Tat um die Befreiung des Geschlechts, um die Befreiung des Sex und der Sinnlichkeit.«

Nicht binär zu leben, ist also kein neues Thema. Doch erst heute stehen die Chancen wesentlich besser, das damals als persönliches ›Problem‹ Empfundene in Worte zu fassen und anders zu verstehen. Gut vorstellbar, dass auch die Person, die den Brief damals geschrieben hat, sich heute als nicht binär bezeichnen und gemeinsam mit anderen gesellschaftliche Akzeptanz und Respekt für ihr Leben einfordern würde.

ZUM AUFBAU DES BUCHES – LESEHINWEISE

Das Buch bietet verschiedene Möglichkeiten, sich nicht binärem Leben zu nähern, eher analytisch über einzelne Themenbereiche oder durch das Lesen einzelner Lebensgeschichten. Je nach persönlicher Vorliebe, kann mit dem einen oder anderen Zugang begonnen oder zwischen beiden hin und her gewechselt werden.

Die einzelnen Kapitel widmen sich jeweils einem der Themenbereiche, die sich bei der Auswertung der Interviews als zentrale Aspekte nicht binären Lebens herauskristallisiert haben. Um den Stimmen der Interviewten möglichst viel Raum zu geben und ihre Erfahrungen anschaulich werden zu lassen, werden in jedem Kapitel zahlreiche Zitate wiedergegeben, in denen die Interviewten selbst zu Wort kommen. Die Vielzahl der Zitate verdeutlicht zudem, wie vielschichtig und facettenreich es ist, nicht binär zu leben, und wie unterschiedlich die Interviewten sich und ihre Lebenssituation erleben. Die dabei angegebenen Namen sind Pseudonyme, die die zitierten Personen in fast allen Fällen selbst für sich ausgesucht haben. Darüber hinaus finden sich im Buch vier Texte, in denen Menschen unterschiedlichen Alters ihre Geschichte selbst erzählen. Jede dieser Lebensgeschichten wurde auf der Grundlage mehrerer Interviews konstruiert. Sie kann nicht einer bestimmten Person zugeordnet werden, spiegelt jedoch die Realität nicht binären Lebens so wider, wie sie sich in den Interviews dargestellt hat.

Die beiden letzten Kapitel gehen der Frage nach, welche Chancen für unsere Gesellschaft darin liegen, binäres Denken zu überwinden und nicht binär zu leben als selbstverständlich anzuerkennen. Wie kann der Weg zu einer geschlechterinklusiven Kultur aussehen? Tipps für die alltägliche Praxis zeigen auf, wie jeder Mensch im Alltag hierzu beitragen kann. Akzeptanz und Selbstverständlichkeit von nicht binärem Leben sind nämlich keineswegs nur für nicht binäre Menschen von großer Wichtigkeit. Sie sind vielmehr im Interesse aller, die in einer hierarchischen, zweigeschlechtlichen Geschlechterkultur benachteiligt und diskriminiert werden. Darüber hinaus sind sie auch ein Anliegen all der Menschen, die ihre eigenen Privilegien in der herrschenden Geschlechterkultur hinterfragen und in diskriminierungskritische Handlungen übersetzen wollen. Letztendlich sind sie im Interesse einer Gesellschaft, die über die Frage des Geschlechts hinaus binäre Kategorien überwinden und allen Menschen ein Leben frei von Diskriminierung und Gewalt ermöglichen will.

WAS IN DIESEM BUCH FEHLT

Auch wenn es einige zentrale Erfahrungen gibt, die alle nicht binären Menschen in dieser Gesellschaft teilen, kann die unglaublich große Vielfalt nicht binären Lebens in diesem Buch nicht repräsentativ und in voller Tiefe und Ausdifferenzierung dargestellt werden. Zu unterschiedlich ist der Zugang der Einzelnen zu Informationen, Vorbildern und Identifikationsfiguren und zu vielfältig ist das, was jeweils mit dem Begriff »nicht binär« verbunden wird. Außerdem sind die Erfahrungen, die nicht binäre Menschen in dieser Gesellschaft machen, von zahlreichen anderen Faktoren bestimmt. Diskriminierungen und Ausschlüsse haben eine andere Dimension, wenn ein Mensch nicht nur bezüglich des Geschlechts die herrschenden Normen nicht erfüllt, sondern auch in anderer Hinsicht Diskriminierungen und Ausschlüsse erfährt beziehungsweise befürchten muss. Für Schwarze, Indigene oder People of Color sind beispielsweise Orte, an denen sie sich als nicht binäre Menschen sicher und geschützt fühlen, hierzulande noch rarer als sie es für *weiße* nicht binäre Personen sind. Denn Rassismus macht auch vor queeren Communitys nicht halt. Ähnliches gilt für Antisemitismus, Behindertenfeindlichkeit oder Klassismus.

Ich habe mich bemüht, möglichst viele Aspekte nicht binären Lebens in den Blick zu nehmen. Doch die von mir Interviewten, die überwiegend *weiß* und akademisch gebildet sind, repräsentieren die Vielfalt nicht binären Lebens nicht. Insbesondere ist es mir auch nicht gelungen, Menschen zu interviewen, die aufgrund der vielfältigen Belastungen, denen sie ausgesetzt waren, in völliger Armut und sozialer Isolation leben. Dieses Buch stellt folglich nur einen kleinen Ausschnitt dar, wie nicht binär zu leben in unserer Gesellschaft sein kann. Es ist notwendig und zu wünschen, dass ihm noch viele weitere folgen, in denen auch diejenigen stärker zu Wort kommen, deren Stimmen in diesem Buch noch fehlen.

LINDY

(62 JAHRE)

Mein Name ist Lindy. Ich erblickte 1960 in einer Kleinstadt im Ruhrgebiet das Licht der Welt. Meine ein Jahr ältere Schwester Nicole und ich genossen als Kinder alle Freiheiten der Welt. Unsere Eltern betrieben einen Kiosk, der von morgens früh bis abends spät geöffnet hatte und die Bergleute mit Bier, Zigaretten, Zeitungen und allem, was sie sonst noch zum Leben brauchten, versorgte. Solange es im Kindergarten und später in der Schule keine Schwierigkeiten gab, mussten sich unsere Eltern nicht groß um uns kümmern. Wir waren beide früh selbstständig und haben draußen auf der Straße mit den Nachbarskindern, so oft wir konnten, gespielt. Nur Fußball mochte ich nicht, da habe ich meist nicht mitgemacht. Ich habe mich sehr gut mit meiner Schwester verstanden. Wir haben sehr viel mit ihrem Puppenhaus gespielt, aber auch mit Elektroautos. Später hatten wir auch einen Chemiebaukasten, den ich über alles liebte. Das Lernen in der Schule fiel mir sehr leicht und ich war bei den anderen Kindern, bei Jungen wie bei Mädchen beliebt, auch deshalb, weil ich schon immer eine soziale Ader hatte und ihnen bei den Aufgaben geholfen habe, wenn sie selbst damit nicht klarkamen.

Auf dem Gymnasium wehte ein anderer Wind. Am Anfang ging es noch, aber dann wurde ich immer mehr zum Außenseiter, auch weil ich sportlich nicht so gut war. Die tollen Fußballspieler – das waren die Leitbilder für Männlich-Sein, das waren die, die auch von den Mädels als toll angesehen wurden. Ich habe mehr versucht so über die soziale Schiene an Mädels ranzukommen, so durch Zuhören und Verstehen und so etwas. In dem Alter war das aber nicht so angesagt. Zusammen mit den Mädchen zu spielen, ging auch irgendwie nicht mehr und ich habe mich dann mehr und mehr zurückgezogen. Besser wurde es erst zwei Jahre vor dem Abitur. Da kam ich in eine neue Klasse und hier galten andere Normen. Hier durfte man auf einmal auch gute Leistungen haben und sich sozial verhalten, ohne deshalb als Loser angesehen zu werden. So ein bisschen hat mich das gerettet. Denn plötzlich hatte auch ich ein Standing in dieser Klasse, auch bei den Mädchen. Aber so ganz richtig fühlte ich mich trotzdem nicht. Das war die Phase, wo ich absolut zeigen wollte, dass ich so ganz normal männlich war. Aber so ganz kriegte ich es nicht hin. Irgendwie fühlte ich mich falsch.

Nach dem Abitur bin ich erst einmal zur Bundeswehr gegangen. Das ist die männlichste Welt, die man sich aussuchen kann. Ich dachte, dass ich es da lernen würde, so richtig männlich zu werden. Alles, was ich als weiblich an mir empfunden habe, war mir unangenehm und suspekt. Ich habe versucht, es total wegzudrücken, und die Bundeswehr schien mir der geeignete Weg zu sein. Ich war ziemlich unglücklich, aber ich dachte, dass das so sein muss, und habe mich wirklich angestrengt, einen ganzen Mann abzugeben. Auf der anderen Seite dachte ich aber auch: ›Die Bundeswehr muss sich verändern, um für mich gut zu sein‹. Ich passte da überhaupt nicht rein. Ich war viel zu musikalisch und viel zu sehr an Kunst interessiert und nicht so sehr daran, im Kameradenkreis saufen zu gehen. Ich war froh, als meine Zeit da vorbei war.

Danach habe ich Informatik studiert. Ich hatte immer schon ein Interesse an Mathematik und Technik und ein Beruf im IT-Bereich schien mir zukunftsträchtig zu sein. Das Studium lief glatt und ich lernte auch bald eine Freundin kennen, mit der ich sechs Jahre eine sehr treue Beziehung führte. Sie war wirklich sehr nett, aber ich dachte, ich muss das Familienoberhaupt oder halt den Mann in der Beziehung darstellen. Das hat aber nicht funktioniert und wir haben uns dann getrennt. Es war halt nicht die richtige Frau, dachte ich damals. Bei der nächsten Beziehung war es wieder so. Heute weiß ich, dass das auch gar nicht klappen konnte, weil ich immer versuchte, etwas zu sein, was ich nicht war. Aber damals war mir das nicht klar. Das war in den achtziger Jahren und außer Mann und Frau gab es nichts und ich wusste einfach nicht, was mit mir los war. Ich bin in Selbsterfahrungsgruppen gegangen, um herauszufinden, warum es mir so schlecht ging. Wir haben da über alles Mögliche gesprochen, aber Geschlecht war kein Thema. Das war zwar manchmal ganz interessant, hat mir aber letztlich nicht weitergeholfen. Ich habe dann überlegt, ob ich vielleicht schwul bin, aber das war es nicht, ich verliebte mich in Frauen und wollte eine Beziehung zu einer Frau. Ich dachte, dass ich es irgendwie schaffen muss, männlicher zu werden.

Die Wende kam Karneval 1990. Ich weiß das noch so genau, weil es für mich ein so einschneidendes Erlebnis war. Ein Freund hatte mich überredet, nach Köln zu einer Kostüm-Party zu fahren. Wir trafen uns bei ihm zuhause und da war eine ganze Gruppe von Schwulen, die sich für die Party zurecht machten. Sie überredeten mich, mich als Frau zu verkleiden und staffierten mich mit allem aus. Ich wurde geschminkt und als Dragqueen verkleidet und wir zogen los. Ich war den ganzen Abend wie hypnotisiert. Meine weibliche Seite kam voll raus und ich habe mich zum ersten Mal seit Jahren so glücklich und perfekt gefühlt wie nie. Ich fühlte mich plötzlich nicht mehr falsch, so wie sonst immer. An diesem Abend fühlte ich mich genau richtig. Meine weibliche Seite, die ich die ganzen Jahre versucht hatte, ganz tief zu verstecken, die war auf einmal einfach da. Von dem Moment an führte kein Weg zurück. Ich hatte keine andere Wahl. Ab dem

Zeitpunkt habe ich nicht nur meine weibliche Seite wahrgenommen, plötzlich war mir auch meine männliche Seite nicht mehr so fremd. Indem ich sie von der weiblichen Seite aus anschaute, konnte ich meine männliche Seite wertschätzen.

Inzwischen hatte ich eine Stelle im IT-Bereich eines großen Konzerns angetreten. Die IT-Abteilung war damals erst in den Anfängen und ich bin sehr schnell aufgestiegen, obwohl mir eigentlich das Macht-Gen so völlig fehlt. Aber ich war fachlich wohl ziemlich gut und meine Art, die Leute mitzunehmen, kam gut an. Ich war schon bald Leiter einer Arbeitsgruppe, die in den USA entwickelte Programme an die Bedürfnisse der deutschen Niederlassung anpassen sollte. In der Gruppe gab es fast nur Männer und es herrschte eine entsprechende Atmosphäre. Hier war definitiv kein Raum, meine weibliche Seite auszuleben. Die Arbeit an sich machte mir Spaß, auch mit den Kollegen, aber ich beschränkte die Kontakte zu ihnen auf die Zeit im Büro.

Daneben versuchte ich, mit meinem neuen Leben klarzukommen. Ich las im Netz alles, was ich über Trans* finden konnte und suchte schließlich eine Selbsthilfegruppe auf. Ich habe es genossen, hier in Frauenklamotten und geschminkt willkommen zu sein. Hier konnte ich meine weibliche Seite voll ausleben. Im Alltag habe ich sie ansonsten versteckt gehalten und nur heimlich zuhause ausgelebt. In der Gruppe fühlte ich mich befreit und die Treffen waren sehr wichtig für mich. Allerdings waren viele Themen, die hier besprochen wurden, nicht meine. Es ging ganz oft um die ganzen Fragen zum Thema Passing, also wie man es möglichst perfekt hinkriegt, sich an das neue Geschlecht, also an Mann oder an Frau anzupassen. Es ging nicht um diese Vielfalt, die ich für mich als beglückend empfinde und eigentlich für unsere Gesellschaft als Chance sehe. Ich wollte nicht perfekt männlich oder perfekt weiblich sein. Ich war schon immer so in der Mitte, nur habe ich es selber nicht zugelassen. Ich will auch meinen Körper nicht verändern. Ich will auf keinen Fall auf irgendein Körperteil verzichten. Ich finde das genau so richtig, wie es ist. Die Trans*-Gruppe war trotzdem sehr hilfreich und unterstützend für mich, auch wenn sie mir immer bescheinigen wollten, dass ich erst so auf dem halben Weg wäre. Ich bin auch regelmäßig hingegangen, aber gleichzeitig dachte ich weiterhin, dass ich die einzige Person auf der Welt bin, die so ist wie ich. Es gab für mich damals auch keine Worte, mit denen ich mich hätte bezeichnen können. Den Begriff nicht binär hatte ich noch nie gehört.

In der Zeit lernte ich Mara, meine heutige Frau kennen. Wir verliebten uns beide sehr ineinander und ich dachte: Diesmal probierst du erst gar nicht, in der Beziehung den Mann zu spielen. Jetzt schenkst du deiner Partnerin von Anfang an reinen Wein ein und entweder kann sie dich so lieben, wie du bist, oder die Beziehung wird eh keine Chance haben. Ich fasste mir also ein Herz und erzählte ihr meine Geschichte. Zum Glück war sie so sehr in mich verliebt, dass sie das nicht zu sehr geschockt hat. Vielleicht sogar im Gegenteil, wir waren sehr glücklich miteinander und sind es bis heute. 1998 haben wir dann geheiratet.

Kurz danach erhielt ich von meinem Arbeitgeber das Angebot, in die USA zu gehen und dort eine Abteilung zu leiten. Ich habe das mit Mara besprochen und sie war einverstanden. Die USA boten vielleicht die Chance, neue Erfahrungen zu sammeln und freier zu leben als in der Kleinstadt, in der wir in Deutschland zuhause waren. Und tatsächlich wurde mein Leben an der Ostküste wesentlich einfacher. Nur auf der Arbeit habe ich ›als Mann‹

gelebt. Ansonsten habe ich die zwölf Jahre, die wir dort waren, komplett ›bigender‹ gelebt. Ich habe mich geschminkt, wenn ich Lust dazu hatte und wenn nicht, dann nicht. Einfach von Tag zu Tag anders, so wie ich mich fühlte. Ich habe mich da auch viel im öffentlichen Kontext bewegt. Zum Beispiel bin ich immer ›als Frau‹ einkaufen gegangen. Das hat nie jemanden gestört. Ich wurde auch nicht schräg angeguckt. Zwei oder dreimal ist es mir passiert, dass christliche Fundamentalisten mich blöd angeredet haben. Die wollten mit mir darüber diskutieren, dass ich Gottes Ordnung verletzen würde. Das perlte aber relativ locker an mir ab. Ansonsten war alles sehr, sehr einfach da wo wir wohnten damals. Hier habe ich auch das Wort ›bigender‹ zum ersten Mal gehört. Das war positiv besetzt und es war zum ersten Mal in meinem Leben ein Wort, das auf mich passt. Aha, dachte ich, es gibt mich also doch, jedenfalls hier an der Ostküste.

In meiner Zeit in den USA kam mir auch der Gedanke, dass ich mich auch körperlich mehr in die Mitte stellen möchte. Ich habe mir dann im Gesicht die Haare epilieren lassen, um meine weibliche Seite mehr rauszustellen. Das war dort problemlos möglich. Auch mit der englischen Sprache war es leichter. Besonders wegen der Sprache bin ich traurig, dass ich nicht mehr dort leben kann. Ich habe das Pronomen they benutzt. Im Deutschen habe ich bislang keine Lösung gefunden, es ist wirklich schrecklich schwierig mit den Pronomen hier.

Als wir nach Deutschland zurückgekehrt sind, da wurde es zuerst unangenehm für mich, weil meine Frau nicht davon begeistert war, wenn ich mich mit weiblichen Kleidungsstücken draußen habe sehen lassen. Darüber war ich sehr unglücklich. Sie selbst hat absolut nichts dagegen, sie mag ja auch wie ich bin. Sie hatte aber Angst davor, dass wir in der Nachbarschaft angefeindet werden könnten. Wir leben hier halt in einer Kleinstadtsiedlung. Wir haben ein paar Stunden Paartherapie gemacht deswegen. Danach hat es sich geklärt. Wir stehen das zusammen durch und es war auch gar nicht so schwierig, wie wir das befürchtet hatten. Die Menschen in meinem Umfeld akzeptieren mich so, wie ich bin. Privat lebe ich offen nicht binär. Das wird in meinem privaten Umfeld überall akzeptiert. Nur am Arbeitsplatz, da ist es sehr schwierig.

Gerne wären wir für immer in den USA geblieben. Aber nach zwölf Jahren musste ich zurück auf eine Stelle als Abteilungsleiter in der IT-Abteilung unseres Konzerns. Die anderen in der Leitung sind alles Männer. Ich steche da schon irgendwie raus, vor allem in der Art und Weise, wie ich führe. Es ist auf dieser Ebene auch nicht üblich, mit Ohrringen rumzulaufen, so wie ich das tue. Ich bin aber anerkannt und die, die mich kennen, schätzen mich. In meinem unmittelbaren Arbeitsumfeld könnte ich mich wahrscheinlich als nicht binär outen, ohne dass groß etwas passieren würde. Es gibt in unserem Konzern auch Antidiskriminierungsrichtlinien, weswegen niemand etwas offen gegen mich sagen dürfte, egal, was sie denken. Aber ich weiß nicht, was bei meinen Vorgesetzten passieren würde und bei denen, die weiter weg sind, die mich als Person gar nicht so gut kennen. Auch die vielen Menschen in den Partnerfirmen, mit denen wir zu tun haben, kann ich nicht einschätzen. Ich habe Angst, dass sie das ablehnen. Ich habe Angst, dass sie nichts mehr mit mir zu tun haben wollen, weil irgendwelche Ängste in ihren Köpfen sind.

Es tut mir nicht gut, hier auf der Arbeit jeden Tag als Mann aufzulaufen. Mir macht diese Zerrissenheit zu schaffen, dass ich da die ganze Zeit irgendwie etwas darstellen muss, was ich nicht bin. In der Corona-Zeit war das Home-Office für mich eine große Hilfe, weil ich das Thema da einmal so richtig lockerlassen konnte. Ich war dann teilweise bei Zoom-Konferenzen sogar ein bisschen geschminkt, weil man das ja nicht so gut sieht am Bildschirm. Und manchmal habe ich auch hochprovokativ einen Mini-Rock angezogen. Da habe ich gemerkt, wie es sein könnte, wenn ich mich trauen würde, out zu sein. Aber ich habe zu viel Angst davor, ich kann zu wenig einschätzen, was dann passiert. Das ist schon sehr belastend. Ich halte das auch nicht mehr lange aus. Ich werde so bald wie möglich in den Ruhestand gehen. Die Abschläge bei der Rente nehme ich dann in Kauf.

Es war für mich ein langer Weg, dahin zu finden, wo ich jetzt stehe. Manchmal frage ich mich, wie es gewesen wäre, wenn ich schon früher etwas gewusst hätte darüber, dass es andere Menschen wie mich gibt, wenn ich schon früher Worte dafür gehabt hätte. Ich wünsche mir, dass es die jungen Leute heute leichter haben, dass es in Zukunft leichter wird. Ich habe nicht das Gefühl, dass ich mich entschieden hätte, diesen Weg zu gehen. Ich musste es tun. Aber wenn ich zurückschaue, bin ich einverstanden. Es war eine lange Entdeckungsreise und heute fühle ich mich in einem unwahrscheinlichen Gleichgewicht mit mir selbst. Ich habe ein unglaubliches Zutrauen zu dem, dass das Leben richtig ist. Wenn ich in Rente bin, werde ich meinen Personenstand ändern – vorausgesetzt, dass man dann keine psychologischen Gutachten mehr braucht. Das Wort divers mag ich zwar nicht, aber ich möchte es auch amtlich vor mir sehen, dass ich eben so bin, wie ich bin.

»ES IST EHER EINE ENTDECKUNGSREISE«

DER LANGE WEG, SICH ALS NICHT BINÄR ZU BEGREIFEN

Die Vorstellung, dass sich alle Menschen eindeutig in Männer und Frauen einteilen lassen, galt in unserer Gesellschaft lange Zeit als Selbstverständlichkeit. Doch je sichtbarer queere Menschen werden und durch die Ergebnisse wissenschaftlicher Forschung wird immer offensichtlicher, dass diese Vorstellung der Realität nicht entspricht.

Zum einen wissen wir heute, dass die Biologie keineswegs eine klare Trennlinie vorgibt, nach der sich alle Menschen in genau zwei getrennte Kategorien einteilen lassen könnten. So hat etwa Heinz-Jürgen Voß in seinem Buch »Wider die Natürlichkeit« ausführlich dargestellt, dass der Versuch zwei eindeutig definierbare Kategorien zu bilden aufgrund der Vielfalt menschlicher Körper zum Scheitern verurteilt ist. Alle körperlichen Merkmale, die zur Einteilung in die Kategorien Mann und Frau herangezogen werden, weisen in der Realität eine große Vielfältigkeit auf: die

Chromosomen, die sekundären Geschlechtsmerkmale, die Hormone, die externen Genitalien und die inneren Fortpflanzungsorgane. Ist jedes einzelne dieser Körpermerkmale schon vielfältig, so weist ihre Kombination ein so großes Spektrum auf, dass es unmöglich ist, alle Menschen in zwei klar getrennte Kategorien einzuteilen. Stattdessen muss aus körperlicher Sicht von einem Kontinuum zwischen Männlichkeit und Weiblichkeit ausgegangen werden.

Zum anderen ist die Frage des Geschlechts nicht von kulturellen Prägungen und herrschenden Machtverhältnissen zu trennen. Es gibt unzählige Beispiele für Gesellschaften, die mehr als zwei Geschlechter kennen. Gianna Pomata hat schon 1983 zahlreiche Beispiele aus der ethnophysiologischen Forschung zusammengestellt, bei denen Geschlecht ganz anders wahrgenommen und begriffen wird als in Gesellschaften mit einer binären Geschlechterkultur. In einer Veröffentlichung von James Peoples und Darrick Alan Bailey aus dem Jahre 2011 finden sich viele weitere Beispiele für Gesellschaften, in denen mehr als zwei Geschlechter selbstverständlich sind. Das bekannteste Geschlecht jenseits der Kategorien von Mann und Frau sind die »Two Spirits«, die viele nordamerikanische Indigene Völker kennen. Two Spirits nehmen in Indigenen Kulturen eine besondere und sehr geachtete Funktion ein. Sie können nicht auf der Grundlage eines binären Geschlechtersystems verstanden werden. Erst mit der Kolonisierung wurden vom binären Konzept abweichende Vorstellungen von Geschlecht als primitiv und minderwertig angesehen und unterdrückt. Fortan beanspruchte die den kolonisierten Völkern als Norm aufgezwungene binäre Geschlechterordnung universelle Gültigkeit.

Obwohl dieses Wissen über Geschlecht und geschlechtliche Vielfalt sich immer mehr verbreitet, dominiert im Alltag in unserer Gesellschaft nach wie vor eine binäre Sichtweise auf die Welt. Schon vor der Geburt wird die Frage gestellt: »Was wird es denn, ein Junge oder ein Mädchen?« Und mit der Antwort verbinden sich bestimmte Erwartungen und Zuschreibungen: Rosa für Mädchen, Blau für Jungen. Farben, Kleidungsstücke, Verhaltensweisen, Körpersprache, Körper- und Bewegungsformen, Haarlängen, Begabungen, Kommunikationsarten, …. Nahezu jeder Aspekt des Aussehens, des Verhaltens und selbst des Denkens ist in unserer Gesellschaft geschlechtlich konnotiert, gilt entweder als »männlich« oder als »weiblich«.

DIE FREIHEIT KIND ZU SEIN

Die Kindheit ist für viele Menschen dabei eine Zeit, in der noch relativ große Freiheiten bestehen, sich so zu verhalten, wie es der eigenen Person entspricht und dabei auch gegen herrschende Geschlechternormen zu verstoßen. In den Interviews wurde diese Freiheit in vielfacher Weise zum Ausdruck gebracht:

»Ich konnte als Kind machen, was ich will …. Ich habe sehr viel mit meiner Schwester mit dem Puppenhaus gespielt … und irgendwann hatte ich ein eigenes Zimmer mit einer Schrankwand und dann wollte ich ein Puppenhaus haben … Ich habe zwei leere Fächer in der Schrankwand genommen und da war dann mein Puppenhaus drin, also über zwei Stockwerke. Dann habe ich mit meinem Baukasten einen Aufzug dazu gebaut. Also das Technische das musste dann auch sein, also ein

Aufzug mit Motorantrieb und Beleuchtung, mit allem Drum und Dran.« (Mandy)

»Für mich war als Kind klar, dass ich keine Kleider mag. Aber das musste ich auch nicht.« (Charly)

»Als Kind durfte ich so sein, wie ich war.« (Lenn)

»Bis 8 oder 9 Jahre war das für mich kein Unterschied, Mädchen oder Junge zu sein. Aber Karneval bin ich immer als Tier gegangen, also nicht als Cowboy oder Prinzessin.« (Mark)

»Ich habe mit Puppen gespielt, aber genauso viel mit Autos.« (Tea)

»Bis zur Pubertät habe ich mir nicht viele Gedanken über Geschlecht gemacht. Ich hatte Freunde und Freundinnen und wir haben zusammen gespielt.« (Mika)

Doch schon Kindern ist oftmals sehr bewusst, was als »männlich« und was als »weiblich« gilt, und sie spüren, mit welchen Erwartungen das ihnen zugewiesene Geschlecht verbunden ist.

»Es gab schon ganz klare Rollen, also als Mädchen hat man sich die Nägel lackiert und als Junge hat man mit Insekten gespielt bei uns im Dorf. Bestimmte Dinge wie zum Beispiel Heuschrecken, die waren einfach eklig, weil ich ein Mädchen war. Ich habe das als sehr einengend empfunden, weil ich mich mit vielen Dingen gerne beschäftigt habe, aber da gar nicht der Platz dafür da war irgendwie. ... Es hat nie jemand zu mir gesagt, das darfst du nicht, aber es war so, dass eben alle Mädchen Insekten eklig fanden, und ich glaube, ich wäre als sehr komisch abgestempelt worden, wäre das bei mir anders gewesen. Es war alles so unausgesprochen und ich fand viele Sachen total verwirrend.« (Leon)

»Ich saß einmal auf einem Dorffest mit dem Rock breitbeinig auf einem Stein. Da war ich ungefähr fünf Jahre alt. Und da kam meine Mutter ganz aufgeregt und sagte: ›Das darfst du nicht machen, das geht nicht, das darfst du niemals tun‹. ... Ich habe es gar nicht verstanden und niemand hat erklärt, warum ich das nicht darf, mein Bruder aber schon. Aber es war halt so, dass Mädchen bestimmte Sachen nicht machen dürfen, und ich habe mich dann immer genau daran gehalten.« (Leon)

»Ich dachte, ich muss brav sein, mich anpassen, ... Ich bin ein Mädchen, ich hangele mich daran ab. Ich muss das tun, was Mädchen tun. Ich muss normal sein.« (Tina)

»Ich hatte das Gefühl, dass ich eher Sachen mache, die als männlich gelten. Das war aber okay bei meinen Eltern. ... Bei meinen Großeltern da habe ich als Kind getan, als wäre ich ein Mädchen. Aber das war immer verkleiden irgendwie. Ich habe zum Beispiel Tanzvorführungen gemacht. Das war wie eine Drag-Show. ... Ich habe gemerkt: Wenn ich so bin, dann werde ich gesehen.« (Tim)

»Geschlecht hat mich nie so groß beschäftigt. Das kam eher von außen. Ich habe zum Beispiel auch in der fünften Klasse noch eine Badehose getragen. Und da war es dann meine Familie, die sagte, das geht nicht und mir dann einen Badeanzug geschenkt hat. Ich fand das blöd und dachte, was soll das? Aber es wurde auch über nichts gesprochen«. (Charly)

ERFAHRUNGEN VON AUSGRENZUNG UND ISOLATION IN DER JUGEND

Kann die Frage von Geschlecht in der Kindheit noch in den Hintergrund treten, so rückt sie spätestens mit Beginn der Pubertät immer mehr in den Fokus der Aufmerksamkeit.

»In der Grundschule habe ich viel Basketball und Fußball gespielt auf dem Pausenhof. Das hat dann am Gymnasium auch noch ein bis zwei Jahre geklappt. Danach dann nicht mehr, weil dann halt der Gap zwischen den Geschlechtern so aufgebrochen ist. ... Irgendwie hat es halt aufgehört, dass ich mit den Jungs Fußball spielen konnte, durfte, wollte.« (Tea)

»In der weiterführenden Schule fanden die Jungs es uncool mit mir befreundet zu sein, weil ich ein Mädchen bin, und ich fand das voll scheiße. Weil ich mich ja wie ein Junge fühlte, und dann ausgeschlossen war aus den Kreisen und dann keine Freunde mehr hatte. ... Und zu den Mädchen gehörte ich auch nicht, weil ich die typischen Mädchen-Sachen scheiße fand, schon immer, zum Beispiel schminken, Kleider tragen und so weiter.« (Bea)

Je stärker sich getrennte Mädchen- und Jungengruppen im Jugendalter herausprägen, je rigider die Männlichkeits- bzw. Weiblichkeitsnormen innerhalb dieser Gruppen sind, desto schwieriger wird die Situation für diejenigen, die sich nicht zuordnen können oder wollen. Sie laufen Gefahr, ins Abseits zu geraten, sich zu isolieren oder Kontakte lediglich auf wenige Einzelpersonen zu beschränken.

»Ich war dann ziemlich außenseiterisch unterwegs. Ich hatte nur Kontakte zu zwei anderen, die sich auch mehr für Lesen und so etwas interessiert haben. Am Anfang hat mich das noch belastet … Dann habe ich mich damit abgefunden, dass es mir einfach nicht guttut, irgendwie in so einer Clique zu sein.« (Leon)

»Ich hatte Phasen, wo ich mich überhaupt nicht zugehörig gefühlt habe, zu irgendeiner Gruppe.« (Bea)

»Ab der siebten Klasse, also so Anfang der Pubertät, da wurde die Schulzeit irgendwie schlimm. Ich habe mich da so ausgeschlossen gefühlt und ich habe mich schon gefragt, was denn mit mir nicht stimmt.« (Mare)

GENDERNEUTRALE JUGENDKULTUREN ALS ZUFLUCHTSORTE

Bestimmte Gruppierungen der Jugendszene, in denen es eine eher untergeordnete Rolle spielt, ob ich als Junge oder als Mädchen gelte, können in dieser Zeit einen gewissen Zufluchtsort bieten. Diese jugendlichen Subkulturen wirken wie Inseln, die Urlaub gewähren vom Thema Geschlecht, auf denen es sich erholen lässt vom ständigen Druck, sich zuordnen und Geschlechternormen erfüllen zu müssen.

»Ich war in der Skater-Szene unterwegs. Die waren supertolerant und mega hilfreich, weil Geschlecht dort kein Thema war. Man war deshalb nie so richtig allein.« (Tea)

»Mit 15, 16 war ich bei den Metallern. ... Die Jungen hatten lange Haare. Alle trugen schlottrige Kleider. Geschlecht war kein Thema.« (Bea)

»Ich habe in einem Umfeld gelebt, in dem Geschlecht keine Rolle gespielt hat. Ich glaube, wenn ich in einer Klasse gewesen wäre, in der wir keine Emo-Subkultur gehabt hätten und ich hätte nur die Wahl gehabt, entweder bin ich mit den Jungen in der Raucherecke oder ich gehe mit den Mädels mit und mache Mädchensachen,

dann hätte ich wohl schon viel früher Schwierigkeiten bekommen. Ich hatte trotzdem eine Außenseiterposition, aber halt in der Gruppe. Ich war also nicht allein, wir waren halt die Emo-Punks, wir waren kollektive Außenseiter. Der Knackpunkt kam, als von mir erwartet wurde, aus der Emo-Szene rauszuwachsen.« (Mark)

Bisweilen gelingt es auch, sich dem Druck zu genderkonformem Auftreten zusammen mit Gleichgesinnten zu entziehen und sich selbst Räume zu erschließen, in denen das zugewiesene Geschlecht nur eine untergeordnete Rolle spielt.

»Ich hatte eine Gruppe von Mädchen, mit denen hatte ich Kontakt bis zum Abitur. Aber es waren immer schon so die etwas besonderen Mädchen, die man vielleicht als Außenseiterinnen bezeichnet, die nicht so mit dem Trend mitgegangen sind. Das war eine Clique, die sich nicht haben beeinflussen lassen und die auch mehr Sport gemacht haben und so etwas. Manche wurden dann schon auch gehänselt oder sogar gemobbt, wegen ihrer Kleidung oder ihrem Aussehen. Aber ich bin durch die Zeit gut durchgekommen, weil ich sowohl mit diesen Mädchen als auch mit den Jungen gut konnte. Mit den Jungen habe ich Sport gemacht. Da durfte ich bei den Jungen dabei sein.

In der Abiturzeitung stand dann über mich der Kommentar: »Charly gehört ja fast schon zu den Jungs‹.« (Charly)

PERFEKTE GESCHLECHTER-PERFORMANCE ALS ANPASSUNGSVERSUCH

Solche Räume stellen jedoch eher Ausnahmen dar und sind von begrenzter Dauer. Mit zunehmendem Alter wächst der Druck, sich in die binäre Ordnung der Geschlechter einzufügen, also entweder Mann oder Frau zu sein. Das kann zu oftmals jahre- oder gar jahrzehntelangen Anstrengungen führen, sich in die Geschlechterkategorie einzuordnen, die bei der Geburt zugeteilt wurde. Nicht selten ist das mit einem inneren Druck verbunden, die entsprechenden Normen besonders perfekt zu erfüllen, sich als besonders »weiblich« bzw. besonders »männlich« darzustellen und alles, was davon abweicht, zu unterdrücken.

»Ich hab mich immer fehl am Platz gefühlt, bin aber dann voll in diese Rolle rein gegangen. Ich wollte also noch viel femininer sein, als all die anderen Mädchen, um dieses Mismatch-Gefühl ein bisschen auszugleichen und um dazuzugehören. ... Ich habe mir die Bravo gekauft, um mich zu klären. ... Das war für mich sehr prägend, das

Gefühl, nicht so zu sein wie die anderen Mädchen, das aber nicht so zuordnen zu können. Ich habe mich abgearbeitet irgendwie. Die Bravo gab Schmink- und Kleider-Tipps, sie sagte, wie man seinen Schwarm beeindrucken kann. Sei nicht so zickig, aber trotzdem super feminin und so etwas. Ich hab versucht, da reinzupassen und so unauffällig wie möglich zu sein.« (Quin)

»Ich war voll auf die Mädchengruppen fixiert und wollte dabei sein. ... Oh, ich habe unfassbare Geschichten erfunden, um mitreden zu können, ... zum Beispiel über einen Freund, der zu mir ins Zimmer geklettert ist, und so weiter und so weiter.« (Quin)

»Ich habe das Männlichste gesucht, was man sich vorstellen kann. Ich habe ganz lange alles negiert, was ich dachte, was weiblich wäre.« (Mandy)

»Ich war immer auf irgendeine Art Außenseiterin, aber habe dann eben eine Genderperformance hingelegt und versucht, es perfekt hinzukriegen. ... Ich wollte etwas darstellen, was richtig ist.« (Lenn)

»Ich wollte in dieser Gesellschaft normal sein und meinen Eltern keine Probleme machen. ... Ich habe mir dann immer so Scheinfreunde zugelegt und habe gesagt: ›Ich bin mit denen zusammen‹. Ich war halt die Normale in der Familie.«
(Tina)

»Am schwierigsten war für mich die Zeit so in der 5., 6., 7. Klasse, wo die Mädchen anfingen, sich in die Jungs zu verknallen und so. ... Ich dachte, eigentlich muss ich mich jetzt anpassen. Ich hatte dann auch einen Freund, nicht wirklich, aber ich konnte ihn vorweisen.«
(Mika)

Der verzweifelte Versuch, auf diese Weise ›Normalität‹ und Zugehörigkeit zu erlangen, scheitert. Alle Versuche eine perfekte Geschlechterperformance hinzulegen, vermögen es nicht, die innere Gewissheit zu verdrängen, im zugewiesenen Geschlecht nicht beheimatet zu sein. Dieses wird weiterhin als fremd, unpassend sowie unstimmig erlebt. Die Versuche, durch Anpassung zu einer inneren Stimmigkeit zu finden, scheitern stets von Neuem.

»Ich habe mich daran abgearbeitet, an diesem Frau-Sein. ... Ich habe eine Zeitlang körperbetonte Dinge getragen, hohe Schuhe, Röcke etc. ... Aber es hat sich immer wieder wie Verkleidung angefühlt.« (Tim)

»Alles, was mit dieser weiblichen Präsentation zu tun hatte, war für mich Arbeit, immer unangenehm, immer mit Ablehnung verbunden. ... Der Stress war, ich kriege das nicht so hin, wie es gehört. ... Ich kann die soziale Norm nicht erfüllen. Ich will es nicht, aber ich muss es und ich kann es nicht.« (Lenn)

»Ich dachte, ich muss den Mann darstellen und habe selber nicht gemerkt, dass meine Beziehungen scheiterten, weil bei mir die innere Balance nicht da war. ... Es hat nicht funktionieren können.« (Mandy)

Bisweilen erkennen Außenstehende besser als die Person selbst, wie brüchig die Inszenierung eindeutiger Weiblichkeit bzw. Männlichkeit ist. Beispielsweise kann, trotz des Versuchs, sich selbst als eindeutig »männlich« zu inszenieren, der »Hang zur Weiblichkeit« für Außenstehende offensichtlich bleiben.

»In der Abiturzeitung haben sie auf einem weiblichen Marmortorso meinen Kopf montiert und darunter stand: ›Sein Hang zur Weiblichkeit ist unverkennbar‹. ... Ich war beleidigt in dem Moment. Ich war da 18. Das war die Phase, wo ich absolut zeigen wollte, dass ich so ganz normal männlich bin. ... Für mich war das schon schlimm. Im Nachgang denke ich: ›Wow, wie konnten die das sehen und ich nicht?‹.« (Mandy)

SUCHBEWEGUNGEN IN DER LESBISCHEN, SCHWULEN UND TRANS* COMMUNITY

Andere Auswege aus dieser sehr belastenden und höchst unglücklichen Situation eröffnen sich, wenn es gelingt, mit Geschlechtergrenzen zu experimentieren und Normen spielerisch zu überschreiten.

»In der Motorradclique habe ich einen Menschen kennengelernt, der sich als trans* geoutet hat. .... Wir haben dann an einem Wochenende einen Rollentausch gemacht und ich wurde als Frau geschminkt und gekleidet. ... Den Abend werde ich *nie vergessen, weil plötzlich diese weibliche Seite bei mir rauskommen konnte, so richtig rauskommen konnte. Das hat mich total vom Hocker gerissen. Ich habe den ganzen Abend mit offenem Mund vor mir selber dagestanden.« (Mandy)*

In einem binären System liegt der Gedanke nahe, dass, wenn nicht das eine, so vielleicht das andere Geschlecht der eigenen Person gerecht werden könnte. Doch auch ein Leben als trans Frau bzw. trans Mann fühlt sich falsch an und entsprechende Versuche erweisen sich als Irrweg.

»Das Wort nicht binär kenne ich erst seit 2 bis 3 Jahren. Die 10 Jahre vorher ging es immer nur um trans. Aber ich habe schnell gemerkt, das passt für mich nicht. Ich habe mich weder je als Mädchen oder Frau definiert. Noch würde ich mich jetzt als Mann sehen. Ich habe mich in der trans*-Community wohlgefühlt. Aber es hat nicht so richtig gepasst.« (Charly)*

»Ich habe stark versucht, entweder das eine oder das andere Geschlecht zu leben, also entweder Mann oder Frau. Aber es stimmt nicht. Da bin ich nicht zu Hause, das bin ich nicht.« (Mandy)

»Ich bin keine Frau, das ist klar. Ich habe darüber nachgedacht, ob ich trans* bin. ... Aber es gab ja sonst nur Mann und das ist es auch nicht.« (Leon)

»Ich hatte Kontakt zu trans* Personen und habe überlegt, ob ich vielleicht trans* bin. Aber das war nicht so, dass ich das ernsthaft in Erwägung gezogen hätte. Mann-Sein, das war klar für mich, das ist es nicht, genauso wenig wie Frau-Sein.« (Mika)

Auch alle Versuche, gendernonkonform, also genau gegenläufig zu den herrschenden Geschlechterbildern zu leben, sich aber dennoch dem Geburtsgeschlecht entsprechend als Frau bzw. Mann zu verstehen, können das innere Unbehagen nicht auflösen. Ein Umfeld, das es toleriert, wenn ich mich nicht an Geschlechternormen halte und diese überschreite oder gar sprenge, wird oftmals als erleichternd erlebt. Einschränkende Vorstellungen von Männlichkeit beziehungsweise Weiblichkeit kann ich hier hinter mir lassen, ohne dafür sanktioniert zu werden. Dennoch fühlt es sich weiterhin falsch an, sich einem der beiden binären Geschlechter zuzuordnen.

»Ich habe mich als Lesbe in meiner letzten Schulwoche geoutet und hatte dann erst einmal voll das Befreiungsgefühl. ... Aber dieses Gefühl, irgendetwas passt nicht so richtig, ist geblieben. So ein Fehlen, so alle denken gar nicht darüber nach und allen ist so voll klar, was eine Frau ist, aber mir fehlt dieser innere Link dazu. Also, ich habe eine Vulva; also bin ich wohl eine Frau, aber irgendwie stimmt alles nicht.« (Quin)

Auch in Liebesbeziehungen können sich die Einteilungen der Menschen in Kategorien wie schwul, lesbisch, hetero, homo, Mann und Frau niederschlagen und zu Konfusion und zum Scheitern der Beziehung führen, wenn Worte und Verständnis für die eigene Person fehlen.

»Ich habe dann irgendwann auch einen Mann gefunden, in den ich dann auch verliebt war. Ich habe mich aber nie als hetero Frau gefühlt. Ich habe mich in der Partnerschaft eher als schwule Frau gefühlt. Was natürlich für mich auch komisch war, und für meinen Partner war es auch komisch, weil er sich ja als hetero verstanden hat. Und ich dachte, das macht ja für uns irgendwie keinen Sinn hier.« (Charly)

Solange die Binarität der Geschlechter als selbstverständlich gilt, ist kein Ausweg in Sicht.

Es gibt weder Worte noch eine Erklärung dafür, warum alle Versuche, sich in dieser Gesellschaft zu beheimaten, sich so falsch anfühlen und ein solches Maß an Unwohlsein oder gar Verzweiflung und existentielle Not auslösen.

»Ich habe Klischees über Männlichkeit und Weiblichkeit in mir, weil ich so erzogen bin. Es war ein harter Kampf dahin zu finden, wo ich heute bin. Die jungen Leute heute sind viel lockerer. ... Schon Anfang 20 habe ich mir viele Gedanken gemacht. Ich habe Selbstfindungstrainings gemacht, aber Geschlecht spielte da nie eine Rolle, nicht binär spielte da keine Rolle, deshalb konnte ich es auch nicht finden. ... Bei mir gab's gar nichts. Wenn man sich so fühlt, dass man alleine ist, dann meint man auch, man selber ist falsch.« (Mandy)

»Ich habe ganz lange gar nicht gewusst, dass es die Option nicht binär überhaupt gibt. Also ich dachte so: ›Okay ich bin kein trans Mann, also bin ich wohl im Ausschlussverfahren einfach eine Frau‹.« (Quin)

»Damals wusste ich nicht, dass es nicht binär gab. Also es gab keine Rollenvorbilder für mich und also konnte ich keinen Weg für mich finden. ... Ich bin kein Mann, das wusste ich halt sehr klar für mich, und ich bin keine Frau.« (Tina)

»Rückblickend würde ich sagen, eigentlich war mir mit 17 schon recht klar, wie ich leben will. Aber so richtig vorstellen, oder das in Worte fassen, konnte ich nicht, weil es ja gar keine Worte dafür gab. ... Ich habe schon keine Pronomen benutzt, da kannte ich den Begriff nicht binär noch gar nicht. Ich habe mich als trans* verstanden. Das Sternchen drückte für mich irgendwie aus, dass etwas anders war, aber ich konnte es nicht in Worte fassen.« (Charly)

INFORMATIONEN UND KONTAKT ZU NICHT BINÄREM LEBEN ALS WENDEPUNKT

Einen Wendepunkt stellt der Zugang zu Informationen und der Kontakt zu nicht binärem Leben dar. Dieser Zugang kann auf den unterschiedlichsten Wegen erfolgen: über das Internet, über einen Film oder eine Fernsehserie, einen Roman, den Bericht in einer Tageszeitung, die Begegnung mit einer nicht binären Person bei einer Veranstaltung, über einen Vortrag, das Gespräch mit Bekannten und vieles mehr. Entscheidend ist die Erkenntnis, dass es andere Menschen gibt, die das eigene Empfinden teilen. Die verinnerlichten Vorstellungen von genau zwei Geschlechtern, Mann und Frau, geraten ins Wanken. Der Blick kann sich öffnen und es wird möglich, Worte und Begriffe zu finden, die das eigene Erleben beschreiben, begreifbar machen und die eigene Existenz bezeugen.

»Im Netz hat sich dann eine Schauspielerin auf Instagram als nicht binär geoutet. Das hat total viel mit mir gemacht und es hat mir ermöglicht, unabhängig von den Kategorien lesbisch und Frau nachzudenken und darüber nachzuforschen.« (Tea)

»Ich habe in einem queeren Projekt mitgearbeitet. Dort habe ich Begriffe kennengelernt und Worte dafür gefunden, wie ich mich eigentlich schon immer gefühlt habe. ... Ich konnte dann Dinge von früher besser einordnen.« (Tim)

»Als ich zum ersten Mal etwas über nicht binär gehört habe, habe ich sofort gedacht: ›Ach, cool, das ist ja was, was mich beschreibt. Das ist ja genau mein Ding. Das ist, was ich bin‹. ... Ich fand es total cool, ein Label gefunden zu haben,

dass meine Realität beschreibt und habe das dann so angenommen. Der Moment, wo ich das nach außen kommuniziert habe, das hat aber dann noch gedauert« (Bea)

»Dann bin ich im Netz zum ersten Mal auf den Begriff nicht binär gestoßen. Das war für mich so augenöffnend, so: Okay, das ist es! Nicht binär trifft es absolut. Das ist genau das, wie ich das empfinde, also dass ich mich nicht als weiblich empfinde und auch nicht als männlich.« (Mika)

»Ich habe den Begriff nicht binär das erste Mal gehört, da war ich 18. Und da war für mich sofort klar: Ja, das ist meins. ... Ich war aber auch als Kind schon recht genderfluid unterwegs. Ich habe da schon meinen eigentlichen Namen verloren und wurde dann ›Halbjunge‹ gerufen. Ich hatte dann keinen Namen mehr, sondern war ein Wesen sozusagen. ... Jetzt hatte ich einen Begriff, und damit sozusagen eine Berechtigung zu existieren.« (Moo)

Für die einen ist es wie eine blitzartige Erkenntnis, dass nicht binär zu sein etwas ist, das ihr eigenes Erleben beschreibt. Für andere beginnt ein Suchprozess, bei dem sie erst einmal zu erfassen versuchen, was nicht binär leben bedeuten kann. Sie recherchieren weitere Informationen zum Beispiel im Internet, tauschen sich – wenn möglich – in Gesprächen aus oder suchen Begegnungen mit anderen nicht binären Menschen.

»Ich habe begonnen, viel online nachzuforschen und habe viele Gespräche mit meiner Freundin geführt und viel nachgedacht.« (Tea)

»Konkrete Vorbilder hatte ich eher nicht. Ich habe in den sozialen Medien nach Infos gesucht. ... Ich habe auf Twitter mehr gelernt als im Studium. Es ist halt immer aus erster Hand.« (Lenn)

»Dann habe ich erst einmal für mich weiter im Netz gesucht, was es alles zu nicht binär gab, auf Deutsch und auf Englisch ... Und dann habe ich erst einmal innerlich noch eine Zeit gebraucht. .... Ich bin dem Kanal einer nicht binären Person gefolgt. Die Person war einfach toll. Das war ein Orientierungspunkt. .... Nach einiger Zeit habe ich zuerst mit engen Freundinnen geredet und mit meiner Schwester. Und dann habe ich mir einen Namen ausgesucht und damit rumprobiert, also erst einmal nur so im Freundinnenkreis.« (Mika)

»Im ersten Moment war es verwirrend. Dann das Gefühl, das ist das, was ich will, wonach ich das Bedürfnis habe, dass es nicht mehr diese Rollen und Regeln gibt.« (Leon)

*»Ich habe dann erst einmal so ein halbes Jahr sehr viele Fragen und Zweifel und Krisenmomente in mir selber gehabt, aber das nicht so richtig nach außen geteilt. Und nach etwa einem halben Jahr habe ich dann angefangen, mit Freund*innen darüber zu reden, dass ich diese Zweifel habe und in so einem Prozess bin. Und dann hat sich das so ergeben, dass ich immer mehr Menschen davon erzählt habe, meinen Namen und mein Pronomen geändert habe, dass ich so viele kleine Schritte gegangen und viele kleine Dinge ausprobiert und gemerkt habe, dass sich das gut anfühlt und ich darin immer gefestigter wurde.« (Quin)*

Je vielfältiger und realistischer die Bilder nicht binären Lebens sind, die bei diesen Recherchen gefunden werden, desto eher wird es möglich, einen Bezug zum eigenen Erleben herzustellen.

DIE ÜBERWINDUNG EINENGENDER NORMVORSTELLUNGEN VON NICHT BINÄREM LEBEN

Nicht nur Frauen- und Männerbilder werden durch unrealistische Ideale und Normen geprägt, auch bezüglich nicht binärem Leben kursieren einengende Normvorstellungen, die den Selbstfindungsprozess blockieren können. Sie vermitteln den falschen Eindruck, nicht binäre Menschen seien jung, hätten in jedem Fall schon als Kleinkind gendernonkonformes Verhalten gezeigt, lehnten notwendigerweise ihren Körper oder bestimmte Körperteile bei sich ab und hätten entweder ein androgynes oder ein gendernonkonformes Erscheinungsbild. Entspricht das eigene Erleben und Selbstverständnis diesen Bildern nicht, so braucht es realistische Bilder oder Informationen, die solche Normvorstellungen durchkreuzen, ehe das eigene nicht binäre Leben als Realität anerkannt werden kann.

»Ich habe vor allem online recherchiert. Ich hatte dieses Bild, ich muss als Kind auf jeden Fall Tomboy gewesen sein, um später nicht binär sein zu können. ... Also da kam die Frage auf, ob ich nicht binär genug bin, um mich als nicht binär bezeichnen zu dürfen. ...Gerade zu Beginn des Prozesses hatte ich das Gefühl, ich würde mir etwas aneignen, was mir nicht zusteht. So als würde ich den Leuten ihren Begriff und ihren Platz

wegnehmen, wenn ich auch anfange, den für mich zu verwenden. Und es war voll der Prozess, mir zu erlauben, dass ich das darf.« (Quin)

»Dann habe ich eine nicht binäre Person kennengelernt, die weit über 30 Jahre alt war. Und da hatte ich so diesen Erkenntnismoment von: ›Ah, krass, ich kann nicht binär alt werden und es gibt ältere nicht binäre Menschen‹, und das hat dann für mich so voll den Prozess ausgelöst von: Es gibt überhaupt so diese Zukunftsmöglichkeit, und dann begann bei mir so dieser innere Prozess.« (Quin)

»Ich hatte auch selbst viele Normen verinnerlicht. Also um nicht binär zu sein, muss ich so und so sein, also zum Beispiel Binder tragen.« (Tina)

»Ich dachte für mich, ich darf das nicht sein. Ich kann das nicht sein, weil ich als Kind mit Puppen gespielt habe und weil ich auch keine krasse Dysphorie habe, also nichts an meinem Körper so total ablehne. Deshalb kann ich nicht nicht binär sein.« (Tina)

»Ich hatte Angst, mich als nicht binär zu bezeichnen, zumal ich keine Körperdysphorie habe. Ich dachte: Vielleicht verstößt du ja nur gegen weibliche Rollen.« (Nele)

»Ich hatte eine Phase, wo ich dachte: ›Oh, jetzt muss ich dem queeren Ideal entsprechen‹. Ich hatte aber zu dem Zeitpunkt lange Haare und fand das eigentlich ziemlich gut und dachte dann: ›Jetzt muss ich mir die Haare abschneiden oder seltsam färben‹ ... Dann habe ich aber gemerkt: ›Nee, ich kann jetzt nicht da das nächste Problem aufmachen‹.« (Bea)

EMPOWERMENT DURCH ÄUSSERE AKZEPTANZ UND ANERKENNUNG

Um falsche Bilder und einengende Normvorstellungen zu überwinden und ein stimmiges Selbstverständnis als nicht binäre Person zu entwickeln, braucht es den Austausch mit anderen Menschen. Es gilt herauszufinden, wie es sich anfühlt, als nicht binäre Person mit anderen Menschen in Kontakt zu treten. Sich anderen Menschen gegenüber als nicht binär zu zeigen, verlangt einen sicheren Rahmen, der oftmals in queeren Kontexten oder bei Menschen gefunden wird, die mit geschlechtlicher Vielfalt und queerem Leben vertraut oder selbst queer sind.

»Auf einer queeren Party hatten wir alle so Namensschildchen und ich habe dann meinen selbstgewählten Namen darauf geschrieben. Ich hatte das bewusst geplant, dass ich das da mache und auch jetzt machen muss. Ich war unfassbar stolz, dass ich mich das getraut habe, obwohl da 15 Menschen waren, die mich zum Teil auch mit meinem alten Namen kannten. Es wurde einfach angenommen und nicht großartig diskutiert oder thematisiert und das hat mir sehr geholfen.« (Leon)

»Ich bin sehr stark auf Ablehnung durch meine Ex-Freundin gestoßen mit meinen Gedanken, nicht Frau und nicht Mann zu sein. Und das hat es mir noch schwerer gemacht, einen Weg für mich zu finden. ... Irgendwann haben wir uns dann getrennt. Erst im Studium habe ich dann super viele Leute getroffen, mit denen ich über Nicht-binär-Sein sprechen konnte und die es mir quasi erlaubt haben. Ich brauche immer diese Erlaubnis und diese Rollenbilder. ... Da waren nicht binäre Menschen, die es nicht schon von Geburt an wussten, sondern sagen: ›Es ist ein Prozess, sich da rauszuarbeiten‹. Da konnte ich sagen: ›Ja, okay!‹. Und jetzt bin ich auch sehr happy damit.« (Tina)

»In einer Teamsitzung in einem queeren Projekt da war es das erste Mal, dass ich anderen Leuten erzählt habe, dass ich mich mit dem Begriff Frau nicht wohl fühle und dass ich nicht als Frau angesprochen werden möchte. In dieser Sitzung hat eine andere Person das auch von sich erzählt, und dann haben wir uns connected und voll viel darüber gesprochen und das war sehr wichtig für mich in meinem Prozess.« (Tim)

»Ich habe mit einem Freund darüber gesprochen, der trans Mann ist. ... Ich habe auch mit meiner Partnerin viel geredet. Das ist super intim, weil es ja auch die Definition der Beziehung betrifft, beziehungsweise sie in Frage stellt. Danach habe ich peu à peu meinen engsten Freundeskreis eingeweiht.« (Tea)

»Ich habe mit einer Freundin gesprochen, die mich seit der zweiten Schulklasse kennt, und sie hat gesagt: ›Ich bin froh, dass du da jetzt endlich ein Wort für hast, denn du warst schon immer so.‹« (Mark)

Eine andere Strategie liegt darin, sich als Erstes im Kontakt mit Menschen als nicht binär zu erproben, die fremd sind und die vermutlich im weiteren Leben nie wieder eine Rolle spielen werden. Ein solcher Kontext bietet ein unbeschwertes Experimentierfeld für neue Erfahrungen mit sich selbst und den Reaktionen der Umwelt. Auf dieser Basis können dann weitere Erfahrungen mit vertrauten und nahestendenden Menschen gewagt werden.

»Ich habe einen Trip an der Nordseeküste gemacht, ganz allein mit dem Auto. Ich habe auf Campingplätzen übernachtet und habe gedacht: ›Hier probiere ich das aus. Ich benutze von Anfang an einen männlichen Namen und männliche Pronomen. ... Ich wäre lieber noch ins Ausland gegangen, aber das ging nicht wegen Corona. Und dann habe ich mit Menschen, denen ich dort begegnet bin, meinen neuen Namen ausprobiert, in einem so sehr geschützten Rahmen. Und ich habe gedacht: ›Wenn sich das jetzt irgendwie falsch anfühlt oder ich schlecht träume, dann kann ich noch zurück, ohne irgendein Fass aufgemacht zu haben‹. Es hat sich aber genau richtig und gut angefühlt und ich habe auch gemerkt, dass ich gar nicht so sehr auf Hindernisse stoße, wie ich vorher gedacht habe. Und nach diesem Urlaub habe ich dann auch angefangen, mit anderen Menschen darüber zu sprechen, und ich konnte trotz der Kritik zum Beispiel von meiner Freundin oder meiner Mutter Dinge tun, mit denen ich mich wohler fühle, zum Beispiel neue Kleidung kaufen oder meine langen Haare abschneiden.« (Mark)

»Ich habe zuerst in einer ganz fremden Umgebung bei einer Veranstaltung, wo mich keiner kannte, einfach meinen neuen Namen auf mein Namensschild geschrieben. Das funktionierte natürlich, denn warum sollte das jemand in Frage stellen, dafür gab es ja keinen Grund. Und dann habe ich den neuen Namen in meinem engsten Freundeskreis eingeführt, so nach und nach. Das war auch okay. Sie haben sich zwar manchmal noch versprochen, aber sie haben den neuen Namen akzeptiert. … Ich habe mir natürlich auch die Bereiche ausgesucht, wo es gut geht. … Wo ich mich sicher fühle, suche ich nach Experimentierräumen und teste Dinge.« (Lenn)

Die Erfahrung, als nicht binärer Mensch von anderen angenommen und verstanden zu werden, stellt eine große Erleichterung dar und stärkt das eigene Selbstverständnis.

»Als mein neuer Name auf der queeren Party einfach angenommen wurde, da hatte ich zum ersten Mal in meinem Leben das Gefühl, dass ich so richtig da sein kann. Das war super bestärkend. … Es hat etwas von Ankommen, wenn man es pathetisch sagen will.« (Leon)

DER WEG INS EIGENE NICHT BINÄRE LEBEN ALS ENTDECKUNGSREISE

Der Weg, sich als nicht binär zu begreifen, stellt insgesamt eine Entdeckungsreise dar, die unausweichlich ist und zahlreiche Herausforderungen bereithält. **Während cis-geschlechtliche Menschen sich in unserer Gesellschaft höchst selten die Fragen stellen müssen, was Frau-Sein bzw. Mann-Sein für sie bedeutet, wie es sich anfühlt, Frau bzw. Mann zu sein und wie sie dazu kommen, diese Geschlechtszugehörigkeit für sich zu beanspruchen, wird nicht binär zu sein immer wieder befragt bzw. in Frage gestellt.** Vor diesem Hintergrund erfordert es viel Kraft, Mut und Ausdauer, die Reise zum eigenen nicht binären Leben zu bestehen und ihr Verlauf wird von vielen äußeren und inneren Bedingungen bestimmt. Je mehr Akzeptanz für geschlechtliche Vielfalt eine Person erfährt, je weniger nicht binäres Leben in ihrem Umfeld abgewertet und ihr Selbstverständnis als nicht binär in Frage gestellt wird, desto wahrscheinlicher ist es, dass sie die Reise bewältigen und sich in ihrer spezifischen Seinsweise annehmen kann. Ob sie den Begriff nicht binär, ein anderes Wort wie genderqueer, agender, genderfrei, genderfluid oder kein Label für sich benutzt, ist hier nicht von Belang. Entscheidend ist das Verständnis von sich selbst als eines Menschen, der sich nicht in eine der beiden Kategorien Mann oder Frau einordnet und sich unabhängig von herrschenden Geschlechternormen so darstellt, verhält und versteht, wie es der eigenen Person entspricht.

»Ich sage nicht, dass ich eine Wahl hatte. Wenn ich zu schwach für diesen Weg gewesen wäre, dann wäre es vielleicht ganz anders schief gegangen, dann hätte ich mich vermutlich umgebracht. ... Ich spüre nicht, dass ich das irgendwann entschieden hätte, sondern eher ist es eine Entdeckungsreise. Also, ich habe irgendwann gemerkt, ich bin mittig irgendwo zu finden, ich bin nicht binär.« (Mandy)

Alle Menschen, die ich interviewen durfte, haben es vermocht, ihre persönliche Entdeckungsreise bis zu einem Selbstverständnis als nicht binär zu gehen. Jede Reise verlief dabei auf anderen Wegen und jedes Interview zeugte von der beeindruckenden Stärke, dem Mut und der Klarheit, mit der die interviewte Person ihre Reise trotz aller Umwege und Hindernisse in der ihr eigenen Art gestaltet hat.

»DAS IST KRASS, DU WIRKST ANDERS, VIEL FREIER«

DIE FREIHEIT, NICHT BINÄR ZU SEIN

Auf dem Weg sich als nicht binär zu begreifen, verändert sich die Perspektive auf das eigene Erleben, die eigenen Gefühle und Wahrnehmungen immer mehr. Die massiven Irritationen und Selbstzweifel sowie das Gefühl, irgendwie falsch und als Person nicht existent zu sein, können anders eingeordnet und verstanden werden. Es reift die Erkenntnis, dass nicht die eigene Person fragwürdig und falsch ist, sondern eine zweigeschlechtliche Ordnung, die nur Männer und Frauen kennt und in der Menschen, die außerhalb dieser binären Kategorien stehen, als menschliche Wesen gar nicht zu existieren scheinen. Allein der Begriff nicht binär zeugt von der eigenen Existenz als menschliches Wesen.

»Meine Art in der Welt zu sein, hat sich geändert. Das Wort nicht binär hat mir eine Berechtigung gegeben. Es zeigt, dass es okay ist, da zu sein. Wenn ich eine Sache nicht benennen

kann, so ist es für mich häufig so, dass ich mich frage, ob sie überhaupt da ist. Durch den Begriff gebe ich ihr eine Berechtigung zu existieren. Er gibt mir eine Berechtigung zu existieren.« (Moo)

DIE FREIHEIT, SO ZU SEIN, WIE ICH BIN

Mit dieser neuen Perspektive auf das eigene Sein fällt eine große Last ab. Je klarer das eigene nicht binäre Leben wird, desto mehr können die alten Belastungen weichen. Das eigene Erleben und Sein wird nicht länger in Frage gestellt und abgewertet. Stattdessen kann die eigene Person in ihrer spezifischen Seinsweise angenommen und von äußeren Zuschreibungen unabhängiger werden.

»Ich kann mehr bei mir sein. So losgelöst von einem Blick von außen zu überlegen, was tut mir eigentlich gut, was fühlt sich für mich richtig oder okay an. Und dann bezüglich der Haare und der Kleidung was auszuprobieren und zu merken: Ich fühle mich wesentlich wohler. Ich habe nicht mehr das Gefühl, ich muss mich morgens verkleiden, damit ich irgendwo hingehen darf. Ich ziehe heute

keine Kleider mehr an. Ich finde die Sachen nach wie vor schön. Aber ich ziehe sie selbst nicht an. An anderen Menschen mag ich das gerne, aber ich bin das nicht.« (Lenn)

»Ich hatte immer das Gefühl, ich weiß gar nicht, wie man so richtig eine Frau darstellt. Make-up war immer nur Arbeit, immer nur unangenehm, immer mit Ablehnung verbunden und mit Angst, Angst, die soziale Norm nicht zu erfüllen. ... Diese Angst bin ich los. ... Letztlich habe ich mit Make-up experimentiert. Das war interessant und schön. Ich habe versucht, mein Gesicht kantiger zu schminken.« (Lenn)

»Ich habe aufgehört, mir den Stress mit der Hyperfeminität zu machen, sondern mehr zu gucken, nicht: was wird gesellschaftlich als schön angesehen; sondern: was fühle ich und was fühlt sich gut für mich an, so an Kleidung und Haare und so. Und ich merke, dass ich mich sehr viel stärker fühle und mit viel mehr Selbstbewusstsein irgendwie so eine Straße lang gehe. Ich hatte vor drei bis vier Jahren noch so diesen Tunnelblick, dass ich nicht wahrgenommen werden wollte, wenn ich so rumgelaufen bin. .... Der Außenblick entscheidet jetzt nicht mehr, was ich anziehe *morgens, sondern das ist so: ›Okay, worauf habe ich denn gerade Lust?‹« (Quin)*

»Ich versuche herauszufinden: Was möchte ich, und was mache ich, weil es erwartet wird. … Ich schminke mich, wenn ich Lust dazu habe, nicht wenn ich es muss«. (Nele)

Sich als nicht binär zu begreifen, ist mit Gefühlen der Stimmigkeit und Freiheit verbunden.

»Es ist die Freiheit zu sein, wie ich bin.« (Leon)

»Nicht binär zu sein bedeutet für mich ganz viel Freiheit, frei zu sein und selber bestimmen zu können, wie ich sein möchte, ohne einen Rückgriff auf diese Anrufung. Das fühlt sich frei an.« (Tina)

Nicht binär zu sein eröffnet die Freiheit, sich nicht mehr so verhalten und darstellen zu müssen, dass andere Menschen mich eindeutig entweder als Mann oder als Frau zuordnen können. Herauszufinden was der eigenen Person entspricht, ohne sich darum zu scheren, was gesellschaftlich als »weiblich« oder als

»männlich« angesehen wird, führt zu größerer Selbstgewissheit und stärkt das Selbstbewusstsein.

»Es ist einfach viel leichter, ich selbst zu sein.« (Nele)

»Ich habe eine entspanntere Körperhaltung, sitze aufrechter, lache mehr … Eine Freundin, die ich längere Zeit nicht gesehen hatte, sagte: ›Das ist krass, du wirkst anders, viel freier‹.« (Lenn)

»Ich bin viel selbstbewusster geworden, wobei nicht klar ist, ob ich durch das Stehen zu meiner Nichtbinarität selbstbewusster geworden bin, oder dadurch, dass ich selbstbewusster geworden bin, dazu stehen konnte.« (Bea)

»Ich habe jetzt Lust rauszugehen und etwas auszuprobieren.« (Lenn)

*»Ich ruhe mehr in mir. Freund*innen sagen: ›Du bist so viel ausgeglichener, seit du diese Schritte gemacht hast.« (Mika)*

Die zuvor verinnerlichte Vorstellung, nur als Frau bzw. Mann einen Platz in dieser Gesellschaft beanspruchen zu dürfen, kann nun zurückgewiesen werden. Wenn andere Menschen beispielsweise aufgrund des Erscheinungsbilds verunsichert sind, so stellt das nicht mehr sofort das eigene Selbstbild in Frage. Die Verunsicherung kann vielmehr bei den anderen gelassen werden.

»Neulich hat mich jemand angeguckt und ich sah, dass die Person verunsichert war. Und ich dachte: ›Oh, das ist okay‹. … Das ist total interessant, weil ich sonst immer versuche zu vermeiden, dass ich Leute irritiere. Und mit der Irritation kann ich jetzt total gut leben. Das ist für mich eher ungewöhnlich, deshalb ist mir das auch so aufgefallen.« (Lenn)

DIE FREIHEIT, »MÄNNLICH« UND »WEIBLICH« ZUGLEICH ZU SEIN

Bestand zuvor eine Abneigung gegen alles »Männliche« oder alles »Weibliche«, weil es als Zwang empfunden wurde, sich zum bei der Geburt zugewiesenen Geschlecht zu bekennen, so kann diese Abneigung jetzt aufgegeben werden. Sowohl als »männlich« als auch als »weiblich« angesehene Seiten der eigenen Persönlichkeit können akzeptiert werden und dürfen nun im äußeren Erscheinungsbild zum Ausdruck kommen.

»Weil ich die Männlichkeit ausleben wollte und das nicht funktioniert hat, weil ich das nicht selber war, habe ich bei mir vorhandene gute männliche Seiten nicht akzeptieren und nicht annehmen wollen. .... Indem ich die Weiblichkeit sehen konnte, und das für mich ein schönes Gefühl war, waren diese männlichen Seiten dann auch gut. ... Zwischen Männlichkeit und Weiblichkeit da ist jetzt eine spezielle Balance drin, die ich inzwischen unwahrscheinlich wertschätze.« (Mandy)

»Früher als Lesbe habe ich mich gegen Weibliches gewehrt und keine Frauenklamotten getragen. Jetzt trage ich auch weibliche Kleidung, meist aber Kleidung, die genderneutral ist.« (Tea)

»Wenn ich Bock habe Kleider zu tragen, dann trage ich Kleider. Und wenn ich Bock habe, kurze Haare zu haben, dann habe ich kurze Haare und so weiter. Das Coole an diesem nicht binären Leben ist, das ich alles kann und nicht mehr entscheiden muss.« (Bea)

DIE FREIHEIT, EINEN PASSENDEN NAMEN ZU TRAGEN

Wird der Vorname als unpassend für die eigene Person empfunden, so kann sich die neu gewonnene Selbstgewissheit darin spiegeln, den alten Namen abzulegen und einen neuen passenden Namen zu finden. Aus Alexandra oder Alexander wird dann beispielsweise Alex, aus Johanna oder Johannes wird Jo etc. Dabei werden meist genderneutrale Namen bevorzugt, es kann aber auch sein, dass Peter in Mary oder Andrea in Tim geändert wird, um so den Abstand zum zugewiesenen Geburtsgeschlecht zu verdeutlichen.

»Was mich am meisten gestört hat, war mein Vorname. Schon als Kind konnte ich mich damit nicht identifizieren. Ich wurde immer schon anders genannt.« (Ka)

»Ich nehme meinen Passnamen nicht als meinen Namen wahr. Ich kenne den halt schon lange, aber ich fremdle damit, so dass ich das Gefühl habe: ›Ah, ich muss jetzt diese andere Person hier reinschreiben‹.« (Lenn)

»Mich als nicht binär zu sehen, hat mir viele Erleichterungen verschafft und ich konnte Schritte gehen, so dass ich mich wohler fühle. Also, als Erstes habe ich zum Beispiel meinen Namen geändert. Ich habe jetzt einen Namen, der passt wirklich zu mir und ist nicht weiblich konnotiert. Man kann ihn für beide Geschlechter benutzen.« (Mika)

Der neue Name wird zum Ausdruck der gewonnenen Selbstgewissheit, des Selbstbewusstseins und der inneren Stimmigkeit. Es wird als sehr erleichternd empfunden, sich nicht mehr mit einem Namen bezeichnen zu müssen und von anderen benannt zu werden, der sich unpassend und unstimmig angefühlt hat. Von anderen mit dem neuen Namen angesprochen zu werden, wirkt sehr bestärkend. Es vermittelt mir die Sicherheit, in der Beziehung zu anderen Menschen als die Person anerkannt und akzeptiert zu werden, die ich bin.

Nicht immer wird der eigene Vorname jedoch abgelehnt. Er kann auch dann als schön und zur eigenen Person gehörig empfunden werden, wenn er geschlechtlich konnotiert ist. In diesem Fall kann die Freiheit darin bestehen, gerade diesen Namen selbstbewusst zu tragen und ihn nicht deshalb zu verändern, weil die Umwelt ihn fälschlicherweise als Zeichen benutzt, um Weiblichkeit bzw. Männlichkeit zuzuschreiben.

»Ich mag meinen Namen eigentlich gerne und ich kann ja nichts dafür, dass die anderen ihn vergeschlechtlichen. Ich finde meinen Namen schön. Gleichzeitig habe ich trotzdem überlegt, ob ich ihn ändere, damit es einfacher wird, weil die Leute darüber stolpern. Aber ich sehe eigentlich gar nicht ein, dass ich ihn ändern soll, nur damit andere mich deshalb nicht als Frau lesen.« (Tina)

»ICH WILL KONTAKT ZU MEINEM KÖRPER FINDEN«

KÖRPEREUPHORIE UND KÖRPERDYSPHORIE

ANKOMMEN IM EIGENEN KÖRPER

Mit dem Prozess, sich als nicht binär zu begreifen, verändert sich auch das Verhältnis zum eigenen Körper. Der Körper wird nun nicht (mehr) unweigerlich mit dem Zwang assoziiert, sich entweder als Mann oder als Frau zu verstehen und sich entsprechend darzustellen. War es bisher selbstverständlich, bestimmte Körpermerkmale mit Geschlecht zu verbinden, so kann diese Verknüpfung jetzt in Frage gestellt werden. Je weniger ich etwa die eigenen Brüste als Zwang erlebe, mich als Frau zu verstehen beziehungsweise einen Penis zu haben damit verwechsele, ein Mann sein zu müssen, desto unbelasteter kann ich den eigenen Körper so wahrnehmen, wie er ist. War das Verhältnis zum eigenen Körper zuvor durch solche Verknüpfungen von Körpermerkmalen mit Geschlechtszuweisungen belastet, so kann es sich jetzt entspannen und einem verbesserten Körperbezug und Körperbewusstsein weichen.

»Nachdem mir meine Nichtbinarität bewusst geworden ist, habe ich mich fast schon erschrocken, wie wenig Kontakt ich zu mir habe, wie sehr ich neben mir stehe ... Ich fühlte mich fremd in meinem Körper.« (Mark)

»Ich habe seither meinen Körper mehr zugelassen, wie er ist.« (Nele)

»Früher hatte ich ein schlechtes Verhältnis zum eigenen Körper. Ich habe mich immer als zu dick empfunden und hatte eine Essstörung. Da bin ich jetzt raus.« (Leon)

»Wir hatten lange keinen Spiegel in der Wohnung. ... Ich hatte eine starke Ablehnung von dem, wie ich mich wahrgenommen habe. Und jetzt kann da ein Spiegel sein und ich kann daran vorbeigehen, ohne dass es bei mir jetzt das Gefühl macht, ich muss jetzt etwas korrigieren oder da ist etwas falsch an mir.« (Lenn)

»Ich dachte immer: ›Ich bin nicht schön, ich muss noch abnehmen‹. Ich habe super viele Diäten gemacht. Seit ich mich als nicht binär geoutet habe, habe ich das nicht mehr und habe interessanterweise auch von ganz allein ein anderes Verhältnis zum Essen bekommen, wahrscheinlich weil ich meinen Körper auch nicht mehr so ablehne. Heute guck ich mich so vor dem Spiegel an und denke: ›Ja, ich bin schon hübsch‹.« (Tina)

»Ich habe jetzt einen anderen Blick auf mich selber und ich habe auch eine andere Körperwahrnehmung bekommen. Das finde ich ganz spannend. Ich fühle mich wohler in meinem Körper. Der ist jetzt gut, so wie er ist, der darf jetzt so sein, wie er ist. … Diese ganzen Stereotype, die sind zwar in mir drin und es ist schon Arbeit, die nicht immer wieder hochkommen zu lassen, aber ich bin zufrieden in meinem Körper. Und gleichzeitig probiere ich viel mehr aus, das heißt, ich lasse mir die Freiheit, zum Beispiel mal einen Binder zu tragen, um das mal auszuprobieren.« (Tina)

Das beglückende Gefühl, den Körper innerlich annehmen zu können, wird als Körpereuphorie bezeichnet. In welchem Maße sich das Körpergefühl und die Körperakzeptanz verbessern und eine Körpereuphorie entstehen kann, hängt von vielen verschiedenen Faktoren ab und ist das Ergebnis eines komplexen Geschehens. Die persönliche Geschichte der einzelnen Person spielt hierbei ebenso eine Rolle wie das Umfeld, in dem sie sich bewegt. Menschen können die eigene Umwelt individuell nur begrenzt gestalten und verändern. Die gesellschaftlich vorherrschende Vorstellung, dass bestimmte körperliche Merkmale das Geschlecht einer Person bestimmen, kann von einer einzelnen Person nicht außer Kraft gesetzt werden. Nicht binäre Menschen bewegen sich in einer Welt, in der ihnen – ob sie wollen oder nicht und ob sie damit übereinstimmen oder nicht – aufgrund ihrer körperlichen Merkmale immer wieder eins der beiden Geschlechter Mann oder Frau zugewiesen wird. Auch sie selbst haben von klein auf erlernt, Körpermerkmale und Geschlecht miteinander zu verknüpfen. Vor diesem Hintergrund ist es nur folgerichtig, wenn eine nicht binäre Person trotz aller Verbesserungen der Körperwahrnehmung und Körperakzeptanz manche Merkmale des eigenen Körpers weiterhin als unstimmig und als unpassend zu sich selbst empfindet. Der Leidensdruck, der sich daraus ergeben kann, wird Körperdysphorie genannt.

DIE BEDEUTUNG DES BRUSTPROFILS

Eine flache Brust wird in unserer Gesellschaft in der Regel mit Männlichkeit verbunden, während umgekehrt volle Brüste als Kennzeichen von Weiblichkeit angesehen werden. Das Brustprofil spielt daher eine besondere Rolle bei der Einordnung einer Person als Frau oder Mann. Vor diesem Hintergrund ist es zu verstehen, dass Körperdysphorien sich insbesondere in Bezug auf die Brüste entwickeln können.

»Menschen schauen halt direkt auf den Brustbereich, weil das einfach sehr schnell ist, um einen in eine Kategorie zu schieben. ... Ich fühle mich dann sehr unwohl.« (Mark)

Die einen entwickeln in dem Prozess, sich als nicht binär zu begreifen, eine neue Beziehung zu ihren Brüsten. Sie sehen ihre Brüste nicht länger als Zeichen für Frau-Sein an und erleben ihren Körper nun insgesamt als stimmig.

»Ich mag es jetzt, meinen Oberkörper zu zeigen, so wie er ist. Ich habe mir das bewusst so angeeignet. ... Ich habe viele positive Verknüpfungen zu meinen Brüsten, aber sie machen mich jetzt nicht zur Frau.« (Quin)

Andere haben zu ihren Brüsten und insbesondere zu deren Sichtbarkeit ein ambivalentes Verhältnis oder lehnen diese völlig ab.

»Ich fühle mich mit meinen Brüsten nicht unattraktiv oder hässlich oder ekel mich, aber es fühlt sich so an, als wäre die Person, die ich da im Spiegel angucke, nicht ich.« (Mark)

»Ich habe keine direkten Körperdysphorien, aber ich hätte keine Brüste gebraucht.« (Lenn)

»Meine Brüste waren mir von Anfang an unangenehm, schon seit der Pubertät. ...Ich versuche oft, mich im Spiegel anzuschauen, um mehr Akzeptanz zu gewinnen. Das klappt mal mehr mal weniger. ... Haare abschneiden will ich nicht mehr. Die Dysphorie bezüglich der Brüste ist geblieben.« (Tea)

»An manchen Tagen stört mich meine Brust gar nicht. An anderen würde ich sie am liebsten gleich weghaben. ... Das ist ganz abhängig von der Tagesform und vielleicht auch davon, wie gut ich mit Blicken umgehen kann an dem Tag.« (Moo)

»Mein Vater hat sehr die Weiblichkeit an mir betont. Das war wie ein nasses Handtuch, das man mir um die Schulter gelegt hat. ... Dieses beklemmend unangenehme Körpergefühl ist weggegangen. Das Gefühl, falsch im Körper zu sein aber nicht.« (Mark)

»Als ich meine Suche nach Geschlechtsidentität angefangen habe, habe ich ziemlich schnell herausgefunden, dass mich meine Brüste ziemlich stören.« (Leon)

VOM SPORT-BH BIS ZU MEDIZINISCHEN MASSNAHMEN – MODIFIZIERUNGEN DES BRUSTPROFILS

Eine Möglichkeit, das Brustprofil zu modifizieren liegt darin, die Sichtbarkeit der Brüste durch entsprechende Kleidung oder durch das Abbinden mit einem sogenannten Binder zu verdecken bzw. im umgekehrten Fall das Vorhandensein von Brüsten durch Hilfsmittel zu suggerieren.

»Ich trage meistens einen Sport-BH und T-Shirts mit festem Stoff, so dass meine Brüste nicht auffallen.« (Lenn)

»Ich habe dann angefangen, einen Binder zu tragen. Ich wollte auf keinen Fall eine Operation, weil ich an meinem Körper nichts verändern wollte.« (Mark)

Solche Veränderungen in der Außendarstellung können als ausreichend wahrgenommen werden. Es können aber auch medizinische Maßnahmen wie eine Mastektomie beziehungsweise ein Brustaufbau notwendig sein, um eine innere Stimmigkeit mit dem Körper zu erlangen.

»Da die Tatsache, dass die Brust durch den Binder nicht mehr sofort sichtbar ist, mir so viel mehr Selbstbewusstsein gegeben hat, überlege ich jetzt doch die OP zu machen. ... Jetzt will ich erst einmal Kontakt zu meinem Körper finden, um dann zu sehen, was passiert. Ich möchte es daher jetzt noch nicht entscheiden, was ich medizinisch mache.« (Mark)

»Ich habe dann auch angefangen, Binder zu tragen, womit ich mich dann auch ziemlich wohl gefühlt habe. ... Mit der Zeit wurde dann klar, dass ich eine Mastektomie brauche, obwohl ich es gerne anders wahrgenommen hätte für mich selber, also dass ich mit dieser Brust gut leben kann. ... Seit ich die Mastektomie gemacht habe, fühle ich mich extrem viel besser in meinem Körper.« (Leon)

»Ich will meinen Körper nicht ändern. Ich bin ganz glücklich mit mir. Aber wenn ich einen Wunsch frei hätte, so würde ich mir Brüste machen lassen, um auch den Körper wirklich so in die Mitte zu stellen.« (Mandy)

Eine Mastektomie oder ein Brustaufbau können oftmals auch dann nicht erfolgen, wenn sie für die eigene Person unbedingt notwendig sind. Denn eine Finanzierung solcher Maßnahmen durch die Krankenkasse ist für nicht binäre Menschen nur sehr schwer zu erreichen. Die hierfür geforderte Begutachtung wird oftmals als pathologisierend und diskriminierend erlebt. Erschwerend kommt hinzu, dass ich mich als nicht binärer Mensch bei einer solchen Begutachtung beziehungsweise der vorgeschriebenen Psychotherapie fälschlicherweise als trans Mann bzw. trans Frau einordnen lassen muss, da medizinische Transitionsbehandlungen für nicht binäre Menschen gar nicht vorgesehen sind.

»Ich hatte unheimliche Angst als nicht binäre Person nicht ernst genommen und abgewiesen zu werden mit meinem Wunsch nach der Mastektomie. Denn offiziell vor der Krankenkasse musst du ein trans Mann sein, da die Mastektomie sonst nicht bewilligt wird. Ich war in der Therapie ehrlich und hatte Glück. Aber ich habe auch schon nicht binäre Personen kennengelernt, die in der Therapie den Mann spielen mussten.« (Mark)

Lehne ich eine solch fragwürdige Begutachtung ab, so bleibt nur die Möglichkeit, die medizinische Versorgung aus eigener Tasche zu bezahlen, sofern das finanziell überhaupt leistbar ist.

»Ich bin kein trans Mann und ich möchte das auch nicht in meiner Akte stehen haben. Gerade eine Mastektomie ist auch eine finanzielle Frage. Ich lasse mir kein Gutachten machen, in dem mir eine Persönlichkeitsstörung bescheinigt wird. Also müsste ich es selbst bezahlen.« (Moo)

»Den Gedanken an eine Mastektomie habe ich bisher weggeschoben. Ich weiß nicht, ob ich das will. Ich will auf keinen Fall so eine psychologische Begutachtung und auch kein Testosteron einnehmen müssen. Ich will keinen Bart kriegen. … Wenn ich eine Mastektomie machen lasse, dann höchstens selbst finanziert, wenn das geht.« (Tea)

Neben der Frage der Finanzierung besteht ein weiteres Problem darin, dass eine Mastektomie bzw. ein Brustaufbau bei einer Begutachtung als trans Mann bzw. trans Frau an die Einnahme von Hormonen gebunden wird, was den Bedürfnissen von nicht binären Menschen oftmals zuwiderläuft.

»Eigentlich wollte ich das Testosteron nicht. Also, ich hatte einfach nicht das Gefühl, das zu brauchen für mich und meinen Körper, mein Körpergefühl und mein Körperbewusstsein. ... Ich habe aber keine Chirurgin gefunden, die eine Mastektomie durchführt, ohne dass die Menschen Hormone genommen haben, jedenfalls nicht, wenn die Kasse die Kosten übernehmen soll. ... Letztlich war es gut, dass die Stimme durch das Testosteron jetzt tiefer ist. ... Zum körperlichen Wohlbefinden hat das Testosteron aber eher nicht beigetragen. ... Das hätte ich nicht gebraucht. Jetzt ist es halt da.« (Leon)

»Manche, die wegen der Krankenkasse den Mann spielen müssen, lassen sich auch Testosteron als Salbe verschreiben, tragen das dann aber nicht auf.« (Mark)

HORMONE ALS KÖRPERMODIFIZIERENDE MASSNAHME

Ob die Einnahme von Hormonen gewünscht wird, hängt wesentlich davon ab, inwieweit die damit verbundenen Veränderungen erwünscht beziehungsweise unerwünscht sind. Wenn die Dysphorie nur zeitweise besteht, schwach ausgeprägt ist oder sich nur auf einen kleinen Bereich des Körpers bezieht, ich meinen

Körper ansonsten jedoch im Wesentlichen als stimmig empfinde, kommen in aller Regel keine Hormone zum Einsatz.

»Ich mag keine Hormone. Denn Hormone ändern die Leute … aber ich will mich nicht ändern. Ich bin ganz glücklich mit mir, bis auf die Tatsache, dass mir im Alter die Haare ausfallen.« (Mandy)

»Ich habe Testosteron als Gedankenspiel einmal erwogen, aber mir wurde schnell klar, nein, das ist nicht das, was ich will.« (Tina)

»Hormone möchte ich nicht nehmen, denn ich hätte zwar gerne eine tiefere Stimme, aber ich mag keinen Bartwuchs.« (Lenn)

Für andere ist die Einnahme von Hormonen notwendig, um den Körper dem eigenen Körperbild so anzupassen, dass es möglich wird, Frieden mit ihm zu schließen.

»Ich würde gerne irgendwann so mit meinem Körper Frieden schließen können, dass das, was ich sehe, mit dem übereinstimmt, wie mein eigenes Körperbild ist. … In den letzten Jahrzehnten habe ich nichts gemacht und es hat sich nichts *gebessert in meinem Verhältnis zu meinem Körper. Ich muss jetzt einfach etwas tun. ... Sorge habe ich aber vor zu viel Bart und zu starker Behaarung. Ich würde Testosteron daher in ganz sachten Dosen nehmen und gucken, was das bei mir auslöst und welches Gefühl ich dann dazu habe. Und ich würde einfach stoppen, wenn es mir reicht.« (Charly)*

Die Entscheidung für oder gegen körpermodifizierende Maßnahmen und insbesondere die Einnahme von Hormonen ist sehr komplex. Sie ist vom persönlichen Körpererleben abhängig, was wiederum nicht unabhängig davon ist, welche Erfahrungen ich als nicht binäre Person in meinem Umfeld mache.

Für die einen ist es über die Außendarstellung hinaus von existentieller Bedeutung, den Körper dem eigenen Empfinden anzupassen.

»Es geht zu einem Teil um die Außendarstellung. Aber es geht auch darum, wie es ist, wenn ich mit mir alleine bin. Und da möchte ich einen Körper, der mehr in Richtung Männlichkeit geht.« (Charly).

Bei anderen ist die Hormoneinnahme vor allem oder ausschließlich deshalb notwendig, weil es sie über das erträgliche Maß hinaus belastet, immer wieder ein binäres Geschlecht zugewiesen zu bekommen. Die Hormone tragen zu einem Erscheinungsbild bei, das uneindeutiger ist. Ein durch Östrogene angeregter Brustaufbau erschwert es beispielsweise fälschlich als Mann zugeordnet zu werden. Umgekehrt kann die Einnahme von Testosteron dazu beitragen, dass ich nicht wie selbstverständlich als Frau gelesen werde.

»Ich nehme Testosteron, weil ich einfach nicht immer nur als Frau angesprochen werden will. Ich möchte so eine Erscheinung sein, dass ich zumindest mal die Chance habe, dass nicht immer ganz klar ist: ›Das ist eine Frau‹. … Wenn die Leute weiter wären, müsste ich es nicht nehmen. Ich nehme es, um nicht immer einsortiert zu werden.« (Mika)

Wie oben schon dargestellt wurde, müssen nicht binäre Menschen ihre Entscheidungen bezüglich körpermodifizierender Maßnahmen vor dem Hintergrund der schmerzlichen Erkenntnis fällen, dass die eigene Umwelt individuell nur begrenzt gestaltet und verändert werden kann. Vor diesem Hintergrund gilt es, jede Entscheidung sorgsam abzuwägen und individuell zu gestalten. Mäks Roßmöller und Gisela Fux Wolf begleiten seit vielen Jahren nicht binäre Menschen auf diesem Weg. Sie betonen in einem Aufsatz aus dem Jahr 2023, dass es Zeit und eine fachkundige, akzeptierende und persönlich zugewandte Begleitung braucht, um eine für die eigene Person stimmige Entscheidung zu treffen. Die Möglichkeiten eine solche fachkundige Begleitung zu finden, sind momentan zumindest außerhalb bestimmter Zentren noch sehr beschränkt. Doch der Bedarf wird immer sichtbarer und es gibt immer mehr Menschen im medizinischen und psychotherapeutischen Bereich, die bereit sind, sich fortzubilden und sich mit geschlechtlicher Vielfalt sowie den Bedarfen von nicht binären Menschen auseinanderzusetzen. Damit steigt die Wahrscheinlichkeit, auch außerhalb der Großstädte, fachlich kompetente und erfahrene Menschen zu finden, die nicht binäre Personen empathisch begleiten und mit den bestehenden Konzepten für nicht binär gestaltete Hormontherapien und Operationsmethoden vertraut sind.

SPORT UND BEWEGUNG ALS RESSOURCE

Wenn der eigene Körper abgelehnt wird, so kann das damit einhergehen, sportliche Aktivitäten zu meiden, da sie mit Schamgefühlen und der Angst vor fremden Blicken verbunden sind. Der Gang ins Freibad oder ins Fitnessstudio wird dann ebenso zur Qual wie die aktive Mitgliedschaft im Sportverein. Mit dem verbesserten Körpergefühl und der neu gewonnenen Akzeptanz des eigenen Körpers besteht die Chance, das zu ändern und einen neuen Zugang zu Sport und Bewegung zu finden. Ob es sich um Yoga, Fitnesstraining, Joggen, Ballspiele oder sonst eine Sportart handelt, Sport und Bewegung können eine unterstützende und positive Funktion bekommen und zusätzlich dazu beitragen, den eigenen Körper zu akzeptieren und sich wohler in ihm zu fühlen.

»Seit ich meinen Körper mehr annehmen kann, habe ich auch wieder angefangen, Sport zu machen. Es hat etwas gedauert, aber inzwischen habe ich eine Mucki-Bude gefunden, in der ich ungestört trainieren kann. Das ist einfach nur super. Das einzige Problem sind die Umkleiden, die sind nach Männern und Frauen getrennt. Es ist aber bei mir um die Ecke, also geh ich schon in Sportklamotten hin und dusche danach zuhause. Ansonsten fühle ich mich sooo viel besser, seit ich das Training mache. Ich habe ein breiteres Kreuz, gehe aufrechter und fühle mich insgesamt viel freier. Mein ganzer Körper fühlt sich viel besser an. Ich hätte nie gedacht; wie viel das ausmacht«. (Ka)

Die Möglichkeiten, in einem Umfeld Sport zu treiben, das offen ist für nicht binäre Menschen und ihnen einen diskriminierungsfreien Zugang ermöglicht, haben sich in den letzten Jahrzehnten verbessert. Eine Vorreiterrolle kommt dabei den queeren Vereinen zu, die schon seit Anfang der 1980er Jahre von Lesben und Schwulen gegründet wurden. Sie haben neben der sexuellen Orientierung auch die geschlechtliche Vielfalt von Menschen stärker in den Blick genommen und es sich zur Aufgabe gemacht, einen sicheren Raum für alle queeren Menschen zu schaffen. Inzwischen gibt es nicht nur in den Metropolen queere Sportvereine, sondern auch in zahlreichen kleineren Städten. Traditionelle Sportvereine, vom kleinen Dorfverein bis zum Großverein, sind mit der zunehmenden Sichtbarkeit von trans* und nicht binären Menschen ebenfalls gefordert, sich mit geschlechtlicher Vielfalt auseinanderzusetzen. Übergeordnete Sportorganisationen wie beispielsweise der Deutsche Fußball-Bund oder einige Landessportbünde haben sich des Themas inzwischen angenommen. Es werden Fortbildungen und Informationsmaterialien angeboten, die die Vereine auf dem Weg zu einem geschlechterinklusiven Sport unterstützen sollen. So hat etwa der Landessportbund Nordrhein-Westfalen 2024 eine Broschüre mit dem Titel »Empfehlungen für ein geschlechterinklusives Umfeld« herausgegeben. In den Vereinen wächst die Bereitschaft, diese Angebote anzunehmen und inzwischen entwickelte Maßnahmen umzusetzen. Damit stellen sie sich ihrer Aufgabe, sich queeren Menschen stärker zu öffnen, Diskriminierung zu begegnen und einen sicheren Raum für queere Menschen zu schaffen.

»NICHT BINÄR LEBEN HAT VIELE FACETTEN«

DIE VIELFALT NICHT BINÄREN LEBENS

GENDERNONKONFORM, »MÄNNLICH«, »WEIBLICH« ODER »NEUTRAL« – DIE VIELFALT DER ÄUSSEREN ERSCHEINUNG

Die Freiheit, das eigene Leben unabhängig von Männlichkeits- und Weiblichkeitsnormen so zu gestalten, wie es der eigenen Person entspricht, spiegelt sich in einer großen Vielfalt von äußeren Erscheinungsbildern wider, die nicht binäre Menschen haben können. Eine nicht binäre Person kann nach außen hin gendernonkonform auftreten, also sowohl »männliche« als auch »weibliche« Codes kombinieren. Sie kann androgyn im Sinne einer geschlechtsneutralen Ausstrahlung sein. Das äußere Erscheinungsbild kann jedoch auch die Idealbilder von Männlichkeit oder Weiblichkeit repräsentieren oder zwischen diesen hin- und herwechseln. Dies gilt sowohl für die äußerliche Präsentation durch Kleidung, Styling und Auftreten als auch für körperliche Merkmale. Wie auch immer die äußere Erscheinung sein mag, es ändert nichts daran, dass eine Person sich als nicht binär begreift. Dies gilt in gleicher Weise auch für die sexuelle Orientierung.

»Wenn ich einen Bart trage, habe ich sofort Lust, einen Rock anzuziehen, weil ich eben genau den Ausgleich schön finde. Ein uneindeutiges Aussehen, zum Beispiel Bart und Rock, genau das passt zu meinem Selbstbild.« (Charly)

»Ich bin immer unsicher, wie ich gelesen werde. Momentan eher als Mann oder wechselnd.« (Leon)

»Ich wurde sogar einmal in einem Supermarkt von einem Menschen angesprochen, der wollte wissen, welches Geschlecht ich habe.« (Mark)

»Es gibt wenig Daten über Nichtbinarität und keine Stereotypen. Für mich ist das gut, weil es mir Freiheit gibt. Aber andere überfordert es, dass es keine Stereotypen gibt. Das einzige Stereotyp, das ihnen dann einfällt, ist androgyn. ... Man könnte jetzt sagen, ich habe heute ein androgynes Erscheinungsbild. Aber das ist zufällig so. Es gibt keine Kausalität zwischen Androgynität und Nichtbinarität.« (Lenn)

»Ich hasse es, dass mich alle immer als Frau lesen, weil ich so weiblich aussehe, also so im klassischen Sinne. Ich fühle mich aber wohl so und ich mache mich gerne so zurecht und ich sehe auch nicht ein, dass ich jetzt etwas anderes anziehen soll, nur damit die Leute mich nicht mehr als Frau lesen.« (Ka)

»Selbst wenn ich die ganze Zeit Kleider trage, habe ich nicht das Gefühl, dann nicht nicht binär zu sein ... Mir sind die Begrifflichkeiten egal ... Ich will einfach Nele sein. Ich möchte auch nicht etwas Nonbinäres performen müssen.« (Nele)

»Ich trage manchmal einen Bart und ein Kleid dazu. Ich gucke immer, wie ich mich wohl fühle und wie das Wetter ist.« (Moo)

NICHT BINÄRE VIELFALT: BIGENDER, GENDERFLUID, GENDERFREI UND VIELES MEHR

So vielfältig die äußere Erscheinung, so verschieden ist es auch, was Menschen genau darunter verstehen, nicht binär zu sein. Der Begriff nicht binär stellt keine Bezeichnung für eine feste neue Geschlechterkategorie dar, sondern ist ein Schirmbegriff. Gemeinsam ist allen nicht binären Menschen, dass es sich für sie in der Regel fremd oder falsch anfühlt und Irritationen, Unbehagen oder Widerwillen auslöst, als Frau oder Mann zugeordnet zu werden.

»Ich kann mit dem Geschlecht, das mir bei der Geburt zugewiesen wurde, nicht viel anfangen. Es fühlt sich für mich nicht als richtiger Begriff und als Teil von mir an, sondern löst eher so ein Fremdheitsgefühl aus. ... während bei dem Begriff nicht binär für mich so etwas einrastet, dass das das Wort ist, das für mich passt.« (Quin)

»Ich habe starke Irritationen, wenn ich als Frau angesprochen werde und empfinde einen inneren Widerstand dagegen.« (Tim)

»Es ist immer so, als würde ich stolpern in dem Moment, wie ein Stolperstein, den ich nicht sehe, das gibt dann einen kleinen Ruck ... Dadurch habe ich ja überhaupt bemerkt, dass ich nicht binär bin. Ich stolpere, fühle mich davon nicht angesprochen. .... Wie eine kleine Stimme, die ruft, das bin ich doch gar nicht.« (Nele)

»Du fühlst dich nicht wohl damit, dass du ständig ... einkategorisiert wirst, ... nicht nur mit ›Ich mag kein rosa oder so‹. Sondern, dass du merkst: ›Das bin ich nicht, das beschreibt mich nicht, das holt mich nicht ab‹. Oder innerlich so ein Widerstand da ist, so: ›NEIN, NEIN, NEIN‹, wie so ein Knubbel im Bauch, der dann drückt.« (Tina)

»Frau-Sein hat mich nicht eingeschränkt. Ich habe in einer Kfz-Werkstatt gearbeitet. Ich habe in der Gastronomie gearbeitet. Ich hatte dort keine Nachteile. Aber es hat sich nicht richtig angefühlt. ... Ich fühle mich nicht zugehörig zu Männern oder Frauen auf der Gefühlsebene.« (Mark)

Über diese Gemeinsamkeit hinaus sagt der Begriff nicht binär noch nichts darüber aus, wie ich mich als nicht binär genau verstehe. Es gibt vielmehr eine Vielzahl von Ausprägungen und Facetten im Selbstverständnis nicht binärer Menschen. Diese Vielfalt zeigt sich auch in der großen Anzahl von Eigenbezeichnungen wie quenderqueer, genderfluid, bigender, agender, genderfrei, polygender und vielen mehr, die alle unter den Sammelbegriff nicht binär fallen.

Die einen begreifen sich als »weiblich« und »männlich« zugleich oder verorten sich irgendwo auf einer Linie zwischen den Polen von Männlichkeit und Weiblichkeit. Der Ort auf dieser Linie kann eher in Richtung Weiblichkeit oder eher in Richtung Männlichkeit oder genau dazwischen liegen.

»In diesem binären Spektrum also, wenn ich diese Klischees von weiblich und männlich nehme, liege ich genau in der Mitte.« (Mandy)

Er kann über die Zeit konstant sein oder sich von Zeit zu Zeit ändern.

»Ich bin Beides. Die Verteilung, wo ich mehr stehe, schwankt. Es gibt Tage, da fühle ich mich maskuliner. Aber es gibt auch Tage, da fühle ich mich femininer.« (Mark)

Andere sind bestrebt, sich von der binären Ordnung zu lösen. Sie haben keinen inneren Bezug zu den Begriffen Mann, Frau, Männlichkeit und Weiblichkeit, können mit diesen Kategorien nichts anfangen oder lehnen sie ab. Sie sehen sich als außerhalb dieses Systems stehend, stellen Geschlecht generell in Frage oder sehen Geschlecht als etwas ganz Individuelles an.

»Es gibt diese Wippe zwischen Männlichkeit und Weiblichkeit. Und ich möchte gerne von dieser Wippe runter ... Ich stehe nicht irgendwo auf einer Skala zwischen Männlichkeit und Weiblichkeit. Ich kann weder mit dem einen noch mit dem anderen viel anfangen. Da ist nichts, wohin ich mich hingezogen fühle. So im Sinne von, das möchte ich gerne sein. Es hat viel mehr nichts mit mir zu tun.« (Quin)

»Meine Wahrnehmung von mir als nicht binärer Person ist, dass die binären Kategorien keine Aussage über mich treffen, dass sie nichts mit mir zu tun haben, ich mich da nicht als zugehörig empfinde. Und auch nicht das Gefühl habe, dass ich mich auf einer Strecke von A nach B irgendwo verorte, sondern dass ich mich als außerhalb empfinde. ... Ich stehe nicht in Relation dazu. Ich bin nicht in diesen Kategorien verankert.« (Lenn)

»Wenn ich mir den Weltraum vorstelle, so Sonne und Mond als männlich und weiblich, dann bin ich nicht dazwischen, sondern irgendwo im Weltraum ... Ich schwebe da so rum, aber weit weg davon.« (Tina)

Doch auch diejenigen, die sich in ihrem Selbstverständnis nicht auf die binären Kategorien Weiblichkeit und Männlichkeit beziehen, leben in einer Gesellschaft, in der diese Kategorien das Denken, Fühlen, Handeln und das Sprechen bestimmen. Es ist daher nicht einfach, darauf zu verzichten, Aspekte des täglichen Lebens angefangen von Gegenständen über Kleidungsstücke bis hin zu Personen, ihrem Aussehen und ihren Verhaltensweisen in Relation zu »männlich« und »weiblich« zu setzen. Es bedarf vielmehr immer wieder neuer Anläufe und kreativer Ansätze, um sich von solchen Zuschreibungen zu lösen. Das gilt nicht zuletzt deswegen, weil Begriffe und Worte fehlen, um eine Position außerhalb der binären Ordnung zu beschreiben.

»Ich würde mich von der Vorstellung mal mehr feminin und mal mehr maskulin zu sein, gerne mehr lösen können, weil es die klassischen Rollenbilder sind. Aber manchmal fehlen mir die Worte dazu.« (Mark)

»Die Relation zu männlich und weiblich spielt ja doch immer eine Rolle. Ich bin ja nicht im luftleeren Raum aufgewachsen.« (Tea)

»Manchmal verfalle ich natürlich noch in das, was ich gelernt habe, aber für mich persönlich hat nicht binär gar nichts mit einer Position zwischen männlich und weiblich zu tun.« (Tina)

»Diese Linie zwischen zwei Polen männlich und weiblich gibt es nicht, aber Menschen nehmen sie trotzdem wahr, insofern existiert sie doch in der Realität. ... nicht binär bedeutet für mich, dass ich weder männlich noch weiblich bin, dass ich aber mit den Zuschreibungen spiele, dass ich manchmal mehr männlich, manchmal mehr weiblich gelesen werde, dass das aber nicht bedeutet, dass ich das bin.« (Tim)

»Geschlecht ist für mich weniger die eigene Geschlechtsidentität als das gelesene Geschlecht und aus der Perspektive von Dritten hat man ja immer irgendein Geschlecht, auch wenn sie es manchmal nicht zuordnen können. Aber sie lesen einen ja nicht als geschlechtslose Person. So gesehen macht es dann doch wieder Sinn, Bezug auf männlich und weiblich zu nehmen.« (Mare)

»Es geht ja auch nicht darum, jetzt genau das Gegenteil von weiblich oder männlich zu machen ... Ich möchte mittendrin sein. Mal rechts, mal links, mal oben, mal unten ... ich habe keine feste Position. ... Ich möchte trotzdem mittendrin sein in der Welt und eine Verbindung zu den Menschen haben. Ich möchte mitschwingen und nicht rausgeworfen werden aus der Gesellschaft.« (Nele)

Menschen, die aus einer Kultur mit einem anderen Geschlechterverständnis als dem binären kommen, beziehen sich in der Regel gar nicht auf die binäre Geschlechterordnung, sondern auf das traditionelle Geschlechtersystem dieser Kultur, wenn sie sich als nicht binär verstehen und benutzen die entsprechenden Begriffe. Ein Beispiel hierfür sind die auf Seite 29 schon erwähnten Mitglieder nordamerikanischer Indigener Völker, die sich als Two Spirit verstehen. Sie verwenden über diesen Begriff hinaus noch viele weitere Eigenbezeichnungen. Harlan Pruden, ein Mitglied der Cree Nation und selbst Two Spirit, forscht und lehrt seit Jahrzehnten zu den Traditionen von Two Spirits in Indigenen Kulturen. In allen Vorträgen und Veröffentlichungen zu diesem Thema weist Harlan Pruden eindringlich darauf hin, dass Two Spirits nicht auf der Grundlage eines binären Geschlechtersystems begriffen werden können. Will ich verstehen, was es bedeutet, Two Spirit zu sein, so muss ich bereit sein, mich auf ein anderes, mir fremdes Verständnis von Geschlecht einzulassen.

ALEX

(52 JAHRE)

Als meine Eltern mir Anfang der 1970er Jahre einen typisch weiblichen Namen gaben, einen Namen, der damals sehr in Mode war, konnten sie noch nicht wissen, dass der so gar nicht zu mir passen sollte. Doch bis das klar war, sind noch viele Jahre vergangen. Heute heiße ich Alex.

Bis zu meinem achten Lebensjahr wohnte ich mit meinen Eltern und Geschwistern auf dem Land. Bei jedem Wetter zog es mich mit meinem älteren Bruder nach draußen. Wir bauten Baumhäuser, rannten uns die Lunge aus dem Hals, spielten im Sommer Fußball und sobald der kleine Tümpel in der Nähe unseres Dorfes zugefroren war, versuchten wir es mit Eishockey. Lag genug Schnee, so wurden mehrere Schlitten aneinandergebunden und wir rutschten in einem langen Konvoi unter lautem Geschrei den Hang herunter. Wer mitmachen wollte, brauchte Mut. Ich war ein Mädchen und ich war mutig, ich gehörte dazu. Auch konnte ich im Stehen pinkeln, in einem hohen Bogen – alles eine Frage der Technik.

Als ich sieben Jahre alt war, starb mein Vater bei einem Autounfall. Das war ein ziemlicher Einschnitt. Meine Mutter stand mit uns vier Kindern allein da. Sie heiratete ziemlich schnell wieder. Ich weiß nicht, ob es eine Liebesheirat war. Heute denke ich, dass sie einen Versorger suchte. Das Geld, was sie sich durch Putzarbeiten verdiente, reichte hinten und vorne nicht. Mein Stiefvater war im Autobahnbau beschäftigt. Er war deshalb viel unterwegs und selten zuhause. Alle paar Jahre zog die ganze Familie um, damit wir seinen ständig wechselnden Einsatzorten näher waren. So kam ich viel rum in Deutschland, lernte das Landleben ebenso kennen wie das Stadtleben und lernte früh, mich an verschiedene Umgebungen anzupassen.

Seit ich Alex heiße, trage ich ab und zu Kleider und Röcke. Als Kind wehrte ich mich mit Händen und Füßen dagegen. Meine Mutter verzweifelte bei ihren Versuchen, mich ›hübsch zu machen‹. So nannte sie das. Ich muss ungefähr fünf Jahre gewesen sein, meine Oma hatte Geburtstag und ich sollte hübsch sein. Ich riss mir das Kleid vom Leib und schmiss mich auf den Boden. So lange, bis meine Eltern entnervt aufgaben. Bei der Kommunionsfeier aber gab es kein Entrinnen. Mädchen hatten in der Kirche ein weißes Kleid zu tragen, Jungen wurden mit dunklen Anzügen wie Mini-Männer ausstaffiert. Ich hatte keine Chance. Im Auto auf der zehnminütigen Rückfahrt zog ich mich hastig um.

Mit acht Jahren zogen wir also weg vom Land in einen etwas größeren Ort. Hier gab es einen Sportverein. Ich weiß nicht mehr, wie ich es geschafft habe. Meine Eltern waren dagegen, aber ich setzte mich durch und nahm am Training der Fußballmannschaft meines Bruders teil. Und weil ich eine Verstärkung für das Team war, spielte ich auch bei den Ligaspielen mit. Ich war glücklich und träumte von einer Fußballkarriere. Doch ab einem bestimmten Alter waren in der Liga nur noch reine Jungenteams erlaubt. Mädchen- oder Frauenteams gab es in diesem Ort damals noch nicht. Das war das Ende meiner Fußball-Träume, und das erste Mal habe ich es wirklich verflucht, ein Mädchen zu sein.

Mädchen hatten in unserem Verein die Wahl zwischen Turnen und Leichtathletik. Ich ging zur Leichtathletik und startete eine steile Karriere als Leistungssportlerin. Ich war groß, muskulös, kraftvoll und schnell, hatte alles, was gebraucht wurde in meiner Sportart. Auf dem Sportplatz fühlte sich mein Körper gut und richtig an. Sobald ich den Platz verließ, empfand ich das genaue Gegenteil. Mein Körper war falsch, zu groß, zu muskulös, nicht grazil genug, um Frau zu sein. War ich überhaupt eine Frau? Ich fühlte mich nicht so, konnte mit Frau-Sein nichts anfangen. Aber ich war auch kein Mann. Jeder Mensch ist entweder Frau oder Mann, da waren sich alle einig. Dann war ich im Ausschlussverfahren dann wohl eine Frau.

Aufgrund meiner sportlichen Leistungen sollte ich eine besondere Ehrung erhalten. Eigentlich hätte ich mich auf diese Auszeichnung freuen können. Aber die Verleihung fand im festlichen Rahmen in einer Art Ballsaal statt, und mir wurde dringend geraten, in festlicher Garderobe zu erscheinen. Festliche Garderobe, das hieß: Abendkleid, angemessene Schuhe und eine entsprechende Aufmachung. Ich habe lange überlegt, ob ich nicht lieber auf die Ehrung verzichten und mich krankmelden sollte. Schließlich habe ich mich in mein Schicksal gefügt. Ich ließ Professionelle ran, ließ mich ausstaffieren, schminken und frisieren. In diesem Outfit habe ich die Ehrung überstanden. Es war eine einzige Qual. Ich fühlte mich verkleidet, es war wie Drag. Ich spielte eine fremde Person. Ich gab vor eine Person zu sein, die ich nicht bin. Nach diesem Abend war ich völlig erschöpft. Die folgenden Tage verbrachte ich krank im Bett.

Als Reaktion auf diesen Auftritt erhielt ich von allen Seiten viele Komplimente. Ich hätte so famos ausgesehen, ich solle das doch öfter mal machen, es stände mir so gut zu Gesicht. Wenn ich noch etwas mehr lächeln und nicht so ernst gucken würde, wäre ich rundum perfekt. Paradoxerweise fühlte ich mich tatsächlich geschmeichelt. Es war ein gutes Gefühl, auch außerhalb des Sportplatzes einmal dazuzugehören.

Vor einem großen internationalen Wettkampf mussten alle Mitglieder des Frauenteams zum sogenannten Sex-Verifikation-Test. Bei diesem Test musst du beweisen, dass du nach den Regeln des internationalen Verbandes eine Frau bist. Ich fühlte mich nicht als Frau, ich konnte mit dem Begriff Frau für mich selbst nichts anfangen. Würde sich jetzt zeigen und öffentlich werden, dass ich keine Frau bin? Zu meiner großen Überraschung ging es nicht mir allein so. Offensichtlich war auch vielen meiner Kolleginnen nicht wohl bei diesem Test. War ich doch nicht der einzige Mensch auf der Welt, der sich so fühlte wie ich? Mein Chromosomensatz wurde als XX bestätigt. Ich war erleichtert. Ich blieb Mitglied des Frauenteams.

Nach der Schule entschied ich mich für eine Ausbildung bei der Bank. Die Arbeit an sich machte mir Spaß. Ich verstehe es gut, mit Zahlen umzugehen, und berate Menschen gerne. Statt des für Frauen üblichen Kostüms durfte ich einen Hosenanzug tragen. Ich hatte junge und nette Kolleg*innen. Doch irgendetwas passte nicht. Ich passte nicht. Ich musste mich ändern. Ich kaufte mir Frauenzeitschriften, testete meinen Farbtyp und übte das Schminken. Ich probierte es mit hohen Schuhen und ließ meine Haare wachsen. Es musste mir doch gelingen können, dazuzugehören zu dieser Welt. Ich wollte es schaffen, normal zu werden, so normal, wie meine Kolleginnen es selbstverständlich zu sein schienen. Doch je mehr ich mich bemühte, desto schlechter fühlte ich mich, desto mehr verlor ich mich selbst. Eine Frau zu sein, das wollte mir einfach nicht gelingen. Ich wollte es, ich musste es, aber ich konnte es nicht. Zur Betriebsfeier ging ich nicht hin und bei der Weihnachtsfeier meldete ich mich krank.

Mit Patrick wurde alles anders. Patrick liebte mich so, wie ich war. Und ich liebte ihn. Alles würde gut werden. Die Beziehung dauerte zwei Jahre. Ich genoss das Gefühl, endlich dazuzugehören zur Welt der »Normalen«. Mit ihm nahm ich teil an Feiern und Festen. Ich konnte es nur nicht ertragen, wenn er mich als seine Freundin vorstellte. Patrick wollte heiraten. Ich kriegte Panik. Ich konnte mir nicht vorstellen, als seine Frau zu leben. Es passte nicht. Wir trennten uns und blieben befreundet. Ich würde nie die Frau von jemandem sein wollen, soviel war klar. Irgendetwas war falsch, ich war falsch. Ich fühlte mich am Boden zerstört, verloren und allein. Ich hatte keine Erklärung.

Als Kerstin in unserer Bank auftauchte, eröffnete sich mir eine neue Welt. Kerstin kam aus der Großstadt. Sie lebte mit einer Frau zusammen. Am Wochenende fuhren wir in die Großstadt, tauchten ein in die Lesbenszene. Warum nur war ich da nicht früher drauf gekommen? Ich verliebte mich in eine Frau, lebte auf und genoss ein neues Freiheitsgefühl. Ich war eine Lesbe, ich gehörte dazu, ich gehörte zur Lesben-Community.

Meine Eltern, Geschwister und Freund*innen reagierten erstaunlich gelassen, als ich ihnen eröffnete, lesbisch zu sein. Mitte der 1990er Jahre waren Schwule und Lesben wesentlich weniger akzeptiert und sichtbar als heute. Doch fast alle meinten, dass sie sich das ohnehin schon gedacht hätten. Nur mein Vater hielt mein Lesbisch-Sein für eine Phase, die sich irgendwann noch auswachsen würde. Auf der Arbeit sagten Kerstin und ich nichts. Unser Chef war homophob und sexistisch. Wir ertrugen seine anzüglichen Witze und vermieden tunlichst alles, was darauf hätte hinweisen können, dass wir lesbisch waren.

Nach dem ersten Befreiungsgefühl als Lesbe tauchte es wieder auf, dieses Gefühl, dass irgendetwas nicht stimmt. Lesben sind Frauen, die Frauen lieben, hieß es. Ich war lesbisch, aber war ich eine Frau? ›Lesben sind keine Frauen‹ las ich bei Monique Wittig. Das beruhigte mich. Doch alle Lesben, die ich kannte, sahen Lesben als Frauen an, die Frauen lieben, und sie schienen keine Zweifel an ihrem eigenen Frau-Sein zu hegen.

Ich weiß nicht mehr, wann ich den Begriff nicht binär zum ersten Mal gehört habe. Es muss um die Zeit gewesen sein, als die Kampagne für einen dritten Geschlechtseintrag im Personenstandsgesetz anlief. Ich war 45 Jahre alt. Ich fühlte mich weder als Mann noch als Frau. Nicht binär, das klang in meinen Ohren genau richtig. Es war das, was ich fühlte, was mich beschrieb. Doch durfte ich mich so bezeichnen? Konnte ich wirklich nicht binär sein? Mein Chromosomensatz ist XX, ich habe eine Vulva und Brüste, ich habe keine starken Körperdysphorien. Wie kann ich da nicht binär sein? Steht es mir überhaupt zu, mich so zu bezeichnen? Eigne ich mir etwas zu Unrecht an? Nehme ich anderen etwas weg? Fragen, die mich von da an nicht mehr losließen.

Ich gab ›nicht binär‹ bei Google ein. Viele Treffer erzielte ich damals nicht. Mit ›nonbinary‹ war ich erfolgreicher. Ich recherchierte und recherchierte. Ich stieß im Netz auf Personen, die sich als nonbinary bezeichneten und die ihre Geschichte teilten. Ich ließ meine eigene Geschichte Revue passieren und langsam fing ich an zu verstehen und Worte zu finden. Ich fasste mir ein Herz und sprach das Thema vorsichtig bei meiner Partnerin an. Sie reagierte unaufgeregt. Ich sei doch immer schon so gewesen, sagte sie. Ich hätte mich doch noch nie als Frau gesehen. So hätte sie mich kennengelernt und genau so würde sie mich lieben. Ein Wort könne unsere Beziehung nicht ändern. Ich war erleichtert.

Früher habe ich nie viel gelesen. Nun fing ich an, alles zu verschlingen, was mir zu Queerness in die Finger kam. Sogar an den Texten von Judith Butler habe ich mich versucht. Zugegeben, das meiste habe ich nicht verstanden. Die Texte sind ja kompliziert. Und trotzdem hat es mir geholfen. Langsam reifte in mir die Erkenntnis, dass nicht ich falsch bin. Nicht wir nicht binären Menschen sind das Problem, sondern eine Gesellschaft, die uns nicht kennt. Ich lernte andere nicht binäre Menschen kennen. Der Austausch und die Erfahrung, nicht allein zu sein, taten gut. Ich wurde mutiger und selbstbewusster. Mehr und mehr lernte ich, die positiven Seiten zu schätzen und es auch als Stärke zu begreifen, als nicht binärer Mensch durch die Welt zu gehen.

Immer weniger wollte und konnte ich es ertragen, wenn ich als Frau oder Mann angesprochen wurde. Ich wollte auch von anderen als die Person gesehen werden, die ich bin. Ich wollte mich nicht länger verstecken. Wo ich mich sicher fühlte, bat ich darum, mich Alex zu nennen und keine Pronomen mehr für mich zu verwenden. Die meisten haben das respektiert. Manchmal versprechen sie sich noch, aber das ist okay, es dauert halt alles seine Zeit. Auf der Bank habe ich keine Chance gesehen, mich als Alex zu zeigen. Ich habe gekündigt.

Leute, die mich nicht kennen, lesen mich nach wie vor als Frau, manchmal auch als Mann. Jedes Mal versetzt es mir einen kleinen Stich. Meist lasse ich es unkommentiert stehen. Es macht mich traurig, manchmal auch wütend, aber es verunsichert mich nicht mehr. Ich weiß, wer ich bin. Wo meine Reise mich noch hinführt, ist offen. Doch sicher ist: Ich bin Alex, ich bin okay und ich bin nicht allein.

»ÜBER ODER UNTER DEM RADAR?«

NICHT BINÄR IN EINER BINÄREN, CIS-NORMATIVEN WELT

DIE ALLGEGENWÄRTIGKEIT DES THEMAS GESCHLECHT IN EINER CIS-NORMATIVEN ORDNUNG

Auch wenn die Vielfalt von Geschlecht in unserer Gesellschaft immer sichtbarer wird, ist sie doch in den Köpfen der meisten Menschen auch heute noch nicht verankert. Denken, Fühlen und Handeln werden durch eine cis-normative Geschlechterordnung geprägt, die das Leben in unserer Gesellschaft bestimmt und strukturiert. In dieser Ordnung erscheint es als die natürlichste Sache der Welt, alle Menschen in Frauen und Männer einzuteilen. Es ist eine Einteilung, die ›einfach so da‹ ist und unhinterfragbar zu sein scheint. Einem bestimmten Geschlecht anzugehören gilt als so selbstverständlich und alternativlos, dass es den meisten

Menschen gar nicht auffällt, wie oft das Thema Geschlecht in ihrem Alltag eine Rolle spielt, und implizit oder explizit zum Thema gemacht wird. Sie registrieren beispielsweise nicht, wie oft sie an einem einzigen Tag als Frau bzw. Mann angesprochen werden und wie häufig sie selbst anderen Menschen eines der beiden binären Geschlechter zuweisen, ohne es zu merken. Briefe und Anschreiben gehen an Frau Müller oder Herrn Meyer, in vielen Internetportalen ist es nicht möglich, eine Bestellung aufzugeben, ohne ein Häkchen bei Frau oder Mann zu machen, »Was darf's denn sein, junge Frau?« heißt es auf dem Wochenmarkt, im Bekleidungsgeschäft gibt es eine Damen- und eine Herrenabteilung, im Sport Männer- und Frauenteams, Toiletten sind nach Männern und Frauen getrennt. Fremde werden aufgrund des Namens oder des äußeren Erscheinungsbildes als Mann oder Frau gelesen und die meisten Menschen sind kaum fähig mit einer Person zu kommunizieren, die sie nicht als »männlich« oder »weiblich« identifizieren können. Nicht zuletzt spiegelt sich die Binarität von Geschlecht in der deutschen Sprache wider, die beispielsweise für eine Person nur die Pronomen »sie« und »er« kennt.

DER TÄGLICHE ZWANG, SICH ALS FRAU ODER MANN ZU VERORTEN

Für die meisten cis-geschlechtlichen Menschen stellt es kein Problem dar, als Frau X oder Herr Y angesprochen zu werden. Schließlich ist die Zuordnung für sie in den meisten Fällen stimmig. Wird eine cis Frau versehentlich als Mann oder ein cis Mann als Frau bezeichnet, so wird das meist als sehr peinlich empfunden und das Misgendern wird schnell und begleitet von einer Entschuldigung korrigiert. Völlig anders ergeht es nicht binären Menschen. Für sie ist es in vielerlei Hinsicht sehr belastend, dass das Thema Geschlecht so allgegenwärtig ist. Sie werden nicht nur tagtäglich misgendert, also als Frau oder Mann angesprochen, obwohl das ihnen nicht entspricht. Sie können die falsche Anrede auch meist nicht ohne Weiteres korrigieren. Zudem sind sie bei ganz alltäglichen Dingen gezwungen, sich selbst zweigeschlechtlich einzusortieren, zum Beispiel wenn sie so banale Dinge wie eine Sporthose oder eine Brille kaufen, sich für einen Kurs an der Volkshochschule einschreiben, sich in einem Sportverein anmelden, ein Fitnessstudio oder eine Sauna besuchen, eine öffentliche Toilette aufsuchen, usw.

Neben diesen alltäglichen Ärgernissen können auch weitergehende Entscheidungen wie der Beginn eines Studiums hierdurch beeinflusst werden.

»Ich wollte noch Sozialarbeit studieren. Aber allein schon, um sich einzuschreiben, musste man sich entscheiden. Und da habe ich mich jetzt zum Wintersemester noch nicht eingeschrieben, weil ich mich noch nicht entscheiden konnte, als was ich mich da nun einschreiben soll.« (Mark)

Der Zwang, sich als Mann oder Frau zuzuordnen, belastet zusätzlich, wenn ich mir aufgrund meiner äußeren Erscheinung nie sicher sein kann, welches Geschlecht andere mir zuweisen. Besonders unangenehm kann das beispielsweise beim Besuch einer öffentlichen Toilette werden. Von fragenden Blicken über abwertende Bemerkungen bis hin zu handfesten Übergriffen muss hier mit allem gerechnet werden.

»Nur wenn es nicht anders geht, gehe ich auf die Toilette. Bis jetzt ist noch nie etwas passiert. Aber es ist jedes Mal eine ziemliche Überwindung.« (Leon)

»Es gibt in der Regel kein Klo, wo ich ungestört hingehen kann. Denn egal, wie du dich entscheidest, entweder wirst du vom Frauenklo geschmissen oder du wirst vom Männerklo geschmissen. … Inzwischen habe ich mir angewöhnt zu warten bis die Person, die vor dem Klo sitzt, mir eine Tür zuweist. Je nachdem, ob sie mich als Mann oder als Frau liest, weist sie mir das eine oder das andere Klo zu und da gehe ich dann hin. Denn ich habe keine Lust, dass ich auf eine Tür zugehe und dann kommt von hinten das Geschrei: ›Sie sind falsch da!‹. Da warte ich lieber, bis sie sich entschieden hat, und dann habe ich meine Ruhe.« (Mika)

DIE ANGST VOR GEWALT UND DISKRIMINIERUNG UND IHRE FOLGEN

Nicht nur Toiletten können problematische Ort sein. Für queere Menschen gibt es in unserer Gesellschaft zahlreiche Orte und Kontexte, in denen sie nicht sicher sind, sondern Angst haben müssen, diskriminiert, abgewertet, ausgegrenzt oder sogar körperlich angegriffen zu werden. Wissenschaftliche Untersuchungen wie die von Timmermanns und Kollegen aus dem Jahr 2022 sowie die Fallzahlen der polizeilich erfassten queerfeindlichen Hasskriminalität zeigen, dass diese Ängste nicht unberechtigt sind. Die Gefahr, Gewalt zu erfahren, diskriminiert und ausgegrenzt zu werden ist für nicht binäre Menschen dabei noch höher als für lesbische, schwule, bisexuelle und binär auftretende trans* Personen. Benachteiligungen bei der Suche nach einer Wohnung oder Arbeitsstelle, abwertende Bemerkungen bei Ämtern, im Gesundheitswesen und in Schulen, Beschimpfungen und körperliche Übergriffe auf offener Straße sind nur einige Beispiele für das, was Menschen zustoßen kann, wenn sie als nicht binär zu erkennen sind. Insbesondere wenn eine Person ein gendernonkonformes Erscheinungsbild hat, muss sie Sorge haben, Opfer queerfeindlicher Angriffe zu werden.

Die Ursache für solch feindliches Verhalten ist vielschichtig. Zum einen kann Gewalt gegen nicht binäre Menschen eine Reaktion darauf sein, dass ein Mensch sich allein durch die Existenz von Personen, die sich nicht in das binäre System einordnen lassen, in seinem eigenen Selbstverständnis und seiner Position verunsichert fühlt. Diese Verunsicherung kann sich vor allem dann in Aggression und Gewalt niederschlagen, wenn sie mit der Angst verbunden ist, Privilegien zu verlieren, die eine Person in einem zweigeschlechtlichen, hierarchischen Geschlechtersystem genießt. Daneben kann aber auch Neid ein starkes Motiv sein, wie Mäks Roßmöller und Gisela Fux Wolff 2023 in einem Artikel der Fachzeitschrift »Verhaltenstherapie und Psychosoziale Praxis« darlegen. Die Freiheit, die nicht binäres Leben mit sich bringt, kann Menschen, die sich selbst diese Freiheiten verbieten, mit Neid erfüllen. Nicht binäres Leben führt ihnen vor Augen, dass sie es selbst nicht wagen, Geschlechtergrenzen zu überschreiten. Statt jedoch selbst mutiger zu sein, versuchen sie diejenigen zu unterdrücken, die die Kraft und den Mut hierzu aufbringen.

Die Angst vor Gewalt ist für eine nicht binäre Person besonders groß, wenn sie sich mit einem Erscheinungsbild in der Öffentlichkeit zeigt, das es nicht zulässt, sie eindeutig entweder als Mann oder als Frau zuzuordnen.

»Ich habe Kleider und habe immer gedacht, wenn ich mich richtig wohl fühle in meinem Körper, dann ziehe ich die an. Also ich mag Kleider sehr gerne. Aber jetzt merke ich, ich komme damit nicht gut klar in der Öffentlichkeit. ... Ich würde das gerne können, aber wenn ich mit Kleid und Bart in ein Café gehen würde, so befürchte ich Anfeindungen, im schlimmsten Fall körperliche Gewalt ... Ich glaube nicht, dass das unbegründete Ängste sind.« (Leon)

»Ein uneindeutiges Auftreten, das entspricht meinem Selbstbild. Aber natürlich beschäftigt es mich auch, dass man mit einem solchen Auftreten, also mit Brüsten, Bart und Rock mehr Diffamierungen und Anfeindungen ausgesetzt ist. Denn ich erlebe ja, dass man manche Menschen damit provoziert. Sie fühlen sich angegriffen, wenn man uneindeutig auftritt.« (Charly)

»Auf mich ist einmal auf der Straße eine besoffene Person losgegangen und hat mich, einfach nur weil ich so aussehe, wie ich aussehe, eine Transhure genannt und hat mit der Faust ausgeholt.« (Moo)

»Ich wurde schon angespuckt, einfach so beim Spazierengehen. Das war Anfang der Corona-Zeit. Da war das natürlich besonders toll. ... Ich bin schon als Schwuli beleidigt worden, als Transe, aber auch schon als Dyke. Wenn ich für einen Mann gehalten werde, dann sind die Angriffe aggressiv, wenn sie mich als Frau lesen eher sexualisiert.« (Moo)

»Nach außen gehe ich normalerweise immer als schwuler Mann durch, allein schon wegen meinem Bart. … Letzte Woche bin ich das erste Mal mit Rock in die Stadt gegangen. Das war total cool, abgesehen davon, dass ich Angst hatte, dass mir etwas passieren könnte.« (Nik)

Diese Befürchtungen müssen sich nicht bewahrheiten. Doch die Sorge, es könnte »etwas Schlimmes passieren« oder »die Lage könnte eskalieren«, schwingt immer mit. Sie fällt erst ab, wenn meine Strategie, das zu verhindern, aufgeht und eine gewisse Sicherheit besteht, als Person so akzeptiert zu werden, wie ich bin.

»Zum Beispiel war in unserer Nachbarschaft ein Gartenfest. Natürlich bin ich da ›als Frau‹ hingegangen. Es war total easy. Es hat noch nicht einmal jemand pikiert geguckt, sondern es war einfach ganz natürlich … Also ich gehe ja auch selber ganz offen auf die Leute zu und das war mir wieder eine Bestätigung: Man muss genau bei sich selbst sein und dann passiert auch nichts Schlimmes und es eskaliert auch nichts, sondern die Leute sind dann ganz normal. Und ja, ich habe auch ein gewisses Sendungsbewusstsein, dass die Leute sehen, dass jemand wie ich etwas ganz Normales ist, dass da nichts Besonderes ist. Ich bin einfach ein wertvolles Mitglied dieser Gesellschaft.« (Mandy)

Auch dann, wenn das äußere Erscheinungsbild keinen Anlass zu Angst vor queerfeindlicher Gewalt bietet, registrieren nicht binäre Menschen es sehr genau, wenn queere Menschen in alltäglichen Gesprächen, Fernsehdiskussionen, Büchern, Zeitschriften und den Aussagen rechter und populistischer Personen aus der Politik diskriminiert und abgewertet werden. Dabei wird schlichtweg abgestritten, dass es mehr als zwei Geschlechter gibt und entsprechende diskriminierende und abwertende Bemerkungen sprechen Menschen direkt oder indirekt das Recht ab, als nicht binärer Mensch in dieser Gesellschaft existieren zu dürfen. Aussagen wie: ›Das ist doch alles nur Einbildung‹, ›Wegen der paar Leute soll ich jetzt meine Sprache verändern‹, ›Das ist mal wieder eine neue Mode‹, ›Es gibt nur Mann und Frau, alles andere ist unnatürlich‹ werden als ein fundamentaler und belastender Angriff auf die eigene Existenz erlebt. Sie verstärken die ohnehin vorhandene Angst davor, sich als nicht binärer Mensch zu erkennen zu geben.

»Ich hatte Angst mich zu outen. Meine Ängste waren: Wenn ich das sage, so wird mir das abgesprochen« (Tina)

»Es war in einem Uni-online-Seminar, das ich besuchen musste. Da habe ich sehr sehr massive Transfeindlichkeit erlebt, also da wurden immer wieder so Sachen gesagt wie: ›Trans Menschen und nicht binäre Menschen sind krank und nicht normal und sollten sich therapieren lassen und so etwas‹. Also, ich saß vor meinem Rechner und

plötzlich habe ich angefangen zu zittern. Ich habe gezittert und war so richtig angespannt. Und ich musste jeden Morgen in dieses Seminar und dachte: ›Oh, nein, hoffentlich passiert nicht wieder etwas. ... Also einfach nur das Anhören war schrecklich. Auch wenn ich nicht direkt angesprochen wurde. ... Ich habe mich innerlich zurückgezogen, war aber gleichzeitig irgendwann an dem Punkt, dass ich nur noch geweint habe. Ich habe den ganzen Vormittag nur noch geweint, weil irgendwann so eine Grenze erreicht war, wo ich dachte: ›Ich kann nicht mehr‹. Ich war auch wütend und dachte, ich sollte kämpfen, aber es war eine Grenze erreicht. ... Es war für mich wie: Ich bin unsichtbar. Ich bin nicht existent. ... Das ist ein ganz großer Schmerz, den ich habe, nicht existent zu sein in dieser Welt als nicht binäre Person.« (Tina)

»Ich hatte in der Agentur, wo ich gearbeitet habe, mal eine ganz schlimme Erfahrung. Ich habe mich da nicht geoutet, aber ich hatte eine Kollegin, die trans* ist. Sie zeigt das auf der Arbeit aber nicht, weil sie ihre berufliche Karriere davon bedroht sieht, das offenzulegen. Sie weiß aber, dass ich nicht binär bin. ... Wir hatten dann einmal eine Diskussion in einem Meeting ... und da wurde dann super diskriminierend über

Nichtbinarität und neue Pronomen geredet. Die Kollegin und ich haben uns angeguckt und Blicke ausgetauscht und auch versucht, etwas dagegen zu sagen. Aber wir konnten uns nicht als Betroffene zu erkennen geben. Und das war einfach furchtbar. In dem Moment, wo ich da raus bin, habe ich einen Heulkrampf bekommen. ...Ich spürte eine unglaubliche Ohnmacht. Ich war die Praktikantin und die anderen meine Chefs und ich sah keine andere Möglichkeit, als das geschehen zu lassen. ... Das war ziemlich furchtbar.« (Bea)

Die Allgegenwärtigkeit von geschlechtlichen Zuweisungen, das ständige Einordnen und Eingeordnet-Werden als Mann oder Frau und die berechtigte Furcht vor Diskriminierung und Gewalt gegen Menschen, die sich in dieses binäre System eben nicht einordnen können oder wollen, stellen eine permanente psychische Belastung für nicht binäre Menschen dar. Es ist eine große Herausforderung und kostet viel Kraft, diese Belastung zu bewältigen und sie kann sich negativ auf die Gesundheit auswirken. Das spiegelt sich nicht zuletzt darin, dass die Gefahr eines Suizids deutlich erhöht ist. Stefan Timmermanns hat 2022 zusammen mit anderen Forschenden eine Untersuchung zur psychosozialen Gesundheit und zum Wohlbefinden von queeren Menschen durchgeführt. In ihrer Veröffentlichung mit dem Titel »Wie geht es euch?« schreiben sie auf Seite 132, dass das Suizidrisiko für nicht binäre Personen in Deutschland zehnmal (!) höher ist als im Durchschnitt der Bevölkerung. Alle Interviewten berichteten, wie wichtig die Unterstützung ihres Umfeldes dabei war und ist, ihre schmerzlichen Erfahrungen von Diskriminierung, Gewalt, Ausgrenzung und Infragestellung zu bewältigen.

DAS DILEMMA: ÜBER ODER UNTER DEM RADAR

Die Frage, ob sie sich als nicht binäre Person zu erkennen geben oder nicht, stellt nicht binäre Menschen tagtäglich vor ein Dilemma. Entweder mache ich deutlich, dass ich mich als nicht binär begreife und riskiere dabei, nicht verstanden, isoliert, ausgegrenzt, diskriminiert und abgewertet oder gar körperlich angegriffen zu werden. Oder ich lasse es zu, als Mann oder Frau zugeordnet und adressiert zu werden, und ertrage es, als nicht binäre Person nicht existent zu sein.

»Es ist immer die Frage: Soll ich über dem Radar bleiben oder unter dem Radar fliegen? Ohne Rock und ungeschminkt werde ich als Mann gelesen, dann gibt es kein Problem ... aber es ist falsch, das bin ich einfach nicht« (Nik)

Dieses Dilemma ist nicht leicht aufzulösen. Auf der einen Seite steht das Bedürfnis, in den Beziehungen zu anderen Menschen authentisch zu sein und so gesehen und adressiert zu werden, wie es mir entspricht. Gerade in den Beziehungen zu nahestehenden Menschen wiegt das Bedürfnis schwer, im eigenen So-Sein anerkannt zu werden. Denn in freundschaftlichen und in familiären Beziehungen belastet es besonders, falsch gesehen und adressiert zu werden.

Auf der anderen Seite besteht die Angst, dass ein Outing dazu führt, nicht verstanden, ausgegrenzt und angegriffen zu werden. Vor jedem Outing als nicht binär muss ich abschätzen, wie die Reaktionen voraussichtlich sein werden, welche Konsequenzen damit verbunden sein könnten und inwieweit ich in der Lage und willens sein werde, diese Konsequenzen zu tragen.

»DER VORTEIL WÄRE, DASS ICH ICH SEIN KANN«

COMING-OUT

Wie Menschen reagieren, wenn ich ihnen offenbare, dass ich mich als nicht binär verstehe, hängt wesentlich davon ab, wie viel Wissen und Erfahrung sie bezüglich der Thematik haben und inwieweit sie bereit sind, ihre meist tief verankerten Vorstellungen von Binarität in Frage zu stellen.

»Je weniger Berührungspunkte die Menschen mit queeren Lebenswelten haben, desto schwieriger ist es für mich, dies zu erklären.« (Tea)

AKZEPTANZ & VERSTÄNDNIS VS. UNVERSTÄNDNIS & DISKRIMINIERUNG

Outet sich eine Person als nicht binär gegenüber Menschen, die mit geschlechtlicher Vielfalt und queerem Leben vertraut sind, so kann sie in aller Regel mit Verständnis und Akzeptanz rechnen.

»In meinem Freund*innenkreis habe ich total positive Erfahrungen gemacht. Das sind halt auch alles Menschen, die in der queeren Community aktiv sind. Von daher hatte ich auch nicht viel Sorge, es ihnen zu erzählen.« (Quin)

»In meiner WG habe ich es einfach mal nebenbei erwähnt, dass ich nicht binär bin. Das war einfach, denn es ist ein sicheres Umfeld. Es ist kein großes Thema und das gefällt mir ganz gut. Die anderen sind alle cis, aber wir haben auch häufiger nicht binäre Personen zu Besuch und da kann ich sehen, dass das Umgehen cool ist. Auf deren Namen und Pronomen wird geachtet, auch wenn über die Person gesprochen wird, wenn sie nicht dabei ist.« (Bea)

Außerhalb solcher Kontexte ist es nicht selbstverständlich, akzeptiert und verstanden zu werden. Die Information, nicht binär zu sein, trifft vielmehr oftmals auf Unverständnis, was sich in unbedarften, aber gleichwohl verletzenden Reaktionen niederschlagen kann.

»Ich bekam zum Teil Reaktionen wie: ›Ich finde es toll, dass du dich das traust‹. Aber eine Geschlechtsidentität zu haben ist ja nicht etwas, dass man sich traut.« (Leon)

»Meine Mutter denkt sehr binär. Sie würde es eher verstehen, wenn ich jetzt ein trans Mann wäre als dieses Zwischending. ... Neulich sagte sie: ›Wieso willst du jetzt pinke Schuhe tragen? Du bist doch jetzt ein Junge‹.« (Tim)

»Nach meinem Coming-out habe ich Sätze gehört wie. Mit wem willst du leben? Lesben stehen ja jetzt nicht mehr auf dich und Männer sowieso nicht.« (Mark)

Selbst innerhalb der queeren Community können nicht binäre Menschen auf Unverständnis stoßen, wenn dort ein binäres Denken vorherrscht.

»Mir wurde gesagt, Nichtbinäre seien trans* Personen, die auf halbem Weg stecken bleiben.« (Mark)

»Ich stoße regelmäßig auf Unverständnis bei den Transgender-Gruppen. Denn die sagen: ›Ja, ich habe erkannt, das eine Geschlecht, das ist nicht das Richtige. Also natürlich gehe ich dann komplett in das andere und versuche dann auch, das möglichst perfekt zu machen‹ ... Und die wollen mir dann immer bescheinigen: ›Ja, du bist halt so auf dem halben Weg‹. ... In den Selbsthilfegruppen geht es dann immer um den kompletten Sprung von der einen auf die andere Seite und nicht um diese Vielfalt, die ich eigentlich für unsere Gesellschaft als Chance sehe und auch als beglückend empfinde eigentlich.« (Mandy)

»Bei zwei befreundeten trans Männern hatte ich das Gefühl, dass sie denken: ›Ja, du machst den Weg nicht richtig zu Ende‹. Oder dass sie gar nicht nachvollziehen können, dass man das nicht so haben will wie sie.« (Mika)

»Meine lesbischen Freundinnen äußerten sich so in der Richtung, dass ich sie und die ganze feministische Bewegung verraten würde.« (Ka)

INTERESSE VS. ABWEHR – AUF DIE BEREITSCHAFT KOMMT ES AN

Ein solches Unverständnis kann nicht überwunden werden, ohne die tief verinnerlichte Vorstellung von genau zwei Geschlechtern und die Praxis, alle Menschen entweder als Frau oder als Mann zu lesen, in Frage zu stellen. Manche Menschen sind schnell bereit, das verinnerlichte Konzept der Zweigeschlechtlichkeit in Frage zu stellen und sich auf eine Veränderung ihres bisherigen

Weltbilds einzulassen, wenn sie mit nicht binären Personen in Kontakt kommen. Das gelingt insbesondere dann, wenn auf der Basis einer wertschätzenden Beziehung das persönliche Erleben vermittelt werden kann, wenn es eine Offenheit für neue Perspektiven gibt und die Menschen bereit sind, sich zu informieren.

»Nicht binär erkläre ich total subjektiv. ... Ich erkläre, wie meine Entdeckungsreise angefangen hat und die meisten können das dann auch nachvollziehen.« (Mandy)

»Meine Patenkinder, die sind ungefähr 18, die haben sich von 0 auf 100 umgestellt, keine Probleme.« (Lenn)

»Mein Vater hat sich die Sachen, die ich ihm geschickt hatte, durchgelesen und hat versucht, das zu verstehen. Das fand ich sehr gut.« (Mika)

Etwas in Frage zu stellen, was sie ihr Leben lang als normal, selbstverständlich und natürlich verinnerlicht haben und nach dem sie ihr eigenes Leben ausrichten, fällt vielen Menschen jedoch sehr schwer und sie reagieren oftmals mit Abwehr, wenn sie verunsichert sind.

Manche blocken jedes Gespräch über das Thema ab, wenn ihnen eine Person erzählt, dass sie nicht binär ist. Entweder übergehen sie das Gehörte einfach und reagieren gar nicht oder sie drücken mit Sätzen wie »Jeder soll so leben, wie er will«, zwar eine scheinbare Akzeptanz aus, verhalten sich ansonsten jedoch völlig desinteressiert und ignorant. Sie zeigen keinerlei Verständnis, lesen die nicht binäre Person weiterhin permanent als Frau bzw. als Mann, bezeichnen sie weiterhin als Tochter, Sohn, Schwester etc., benutzen konstant den alten Namen sowie die falschen Pronomen und weigern sich, hieran etwas zu ändern.

> »Meine Schwester, sagte ›aha‹ und das war's. Es war kein Gespräch möglich. ... Sie hat nicht verstanden, was für mich als Person dahintersteckt. Das ist ja keine Äußerlichkeit, aber sie hat die Tiefe nicht verstanden, nicht verstanden, was das für mich bedeutet ... es war so wie ›Ich mag keine grünen Hemden‹ oder so ... es war einfach so nicht das Interesse da.« (Tea)

> »Mein Bruder sagte: ›Ja okay, solange es anderen nicht schadet, kann ja jeder machen, was er will‹, mehr nicht. Das wäre ja super, wenn er es einfach so annehmen würde. Da würde ich mich ja freuen. Aber ... ich hatte das Gefühl vor eine Wand zu laufen. Es war klar, dass er davon nichts wissen wollte. ... Er tut auch so, als hätte das mit ihm absolut nichts zu tun. Er hat nichts verstanden und so verhält er sich auch.« (Ka)

AUFKLÄREN, DISKUTIEREN, INFORMIEREN UND DIE LAST KRAFTRAUBENDER AUSEINANDERSETZUNGEN

Andere Menschen suchen die Diskussion, haben einen hohen Informationsbedarf und viele Fragen: Was heißt es genau, nicht binär zu sein? Wie bist du dazu gekommen, dich als nicht binär zu bezeichnen? Woran erkenne ich, dass eine Person nicht binär ist? Warum können nicht binäre Menschen nicht einfach ein femininer Mann bzw. eine maskuline Frau sein? Ist das eine Modeerscheinung? Warum ist dir das wichtig, ist das nicht Privatsache?

Es kostet nicht binäre Personen viel Zeit und Kraft, auf all diese Fragen einzugehen, aufzuklären, zu diskutieren, zu informieren, sich zu erklären und sich mit der Befindlichkeit des Gegenübers auseinanderzusetzen. Inwieweit die Bemühungen fruchtbar sind und die dabei eingesetzte Energie zu mehr Verständnis und Akzeptanz führen, hängt davon ab, ob das Gegenüber bereit ist, sich ernsthaft auf die Realität der nicht binären Person einzulassen.

»Bei nicht binären Personen ist es halt so, dass sie sich damit auseinandersetzen müssen, was das bedeutet … cis-Menschen setzen sich oft nicht auseinander, weil sie es nicht müssen und dann kommt so eine Abwehrhaltung, gegen die ich anlaufen muss. … Ich glaube nicht, dass man nicht binär sein muss, um es wirklich zu verstehen,

aber man muss sich damit auseinandersetzen und eine empathische Haltung haben«. (Tina)

Je weniger die andere Person bereit ist, die eigenen binären, cis-normativen Vorstellungen zu hinterfragen und die Realität von geschlechtlicher Vielfalt anzuerkennen, desto häufiger landen die Versuche, sich verständlich zu machen, in fruchtlosen Diskussionen und Rechthaberei. In solchen Gesprächen macht sich bei mir als nicht binärer Person schnell das Gefühl breit, die eigene Existenz rechtfertigen zu müssen, beweisen zu müssen, dass es mich wirklich gibt. Das ist nicht zuletzt deswegen kraftraubend, ermüdend und erschöpfend, als es meine eigene Persönlichkeit in ihrem Kern angreift und zur Disposition stellt.

»Bei meiner Tante und deren Kindern ist es schwierig, den neuen Namen einzufordern. Da geht das direkt in so eine Rechtfertigungsebene. Ich finde es schwierig, über so persönliche Dinge im Rechtfertigungsmodus zu sprechen. ... Da geht es ja nur darum zu gewinnen und die eigene Meinung durchzudrücken und nicht um die Person, die das sagt. ... Da fällt mir das dann sehr schwer. ... Da sind Grenzen des Verständnisses. Es geht da um Fragen wie: Ist es grammatikalisch falsch, meinen Namen ohne h zu schreiben, und da weiß ich gar nicht, was ich sagen soll.« (Tea)

»Ich habe in einem feministischen Frauen-Kollektiv gearbeitet und da kam durch mich als nicht binäre Person die Frage auf, wer da teilnehmen kann, beziehungsweise was wir unter Frauen* verstehen. Ich habe gelitten, weil diese Auseinandersetzung an meinem Beispiel ausgehandelt wurde. ... Ich fühlte mich zum Outing gezwungen. Ich hatte das Gefühl, dass ich gleich alles kompliziert mache und Schwierigkeiten ins Kollektiv bringe. Das hat sich nicht gut angefühlt. ... Ich hatte das Gefühl, dass ich als Person, die den Mainstream nicht trifft, es dulden muss, dass dadurch Leute nachdenken müssen, dass nicht alle so sind, wie sie.« (Bea)*

Um solch kraftraubende Auseinandersetzungen zu vermeiden, wird ein Outing entweder vermieden oder nach indirekten Wegen und Strategien gesucht, die allen Beteiligten Zeit verschaffen, sich dem Thema langsam anzunähern.

INDIREKTE WEGE UND STRATEGIEN DES OUTINGS

Eine Möglichkeit liegt darin, mithilfe einer E-Mail-Signatur darauf aufmerksam zu machen, dass eine Ansprache als Herr oder Frau nicht für alle Menschen passend ist, und darum zu bitten, für die eigene Person eine genderneutrale Ansprache zu benutzen.

»Ich habe dann in meine E-Mail-Signatur geschrieben, dass ich mir für meine Person eine genderneutrale Ansprache wünsche. Und die Mails haben auch meine Eltern bekommen. Irgendwann habe ich dann auch angefangen, sie zu korrigieren, wenn sie mich falsch bezeichnet haben.« (Tina)

Eine kreative Strategie, den neuen Namen sozusagen einzuschleichen, sieht folgendermaßen aus: Zuerst wird ein Doppelname aus altem und neuem Namen kreiert und konsequent benutzt, dann wird die Reihenfolge der Namen umgekehrt und schließlich wird der alte Name weggelassen. Diese langsame Umgewöhnung kann hilfreich dabei sein, sich vorsichtig heranzutasten und das Gegenüber nicht zu überfordern.

»Meine Mutter rief letztens an und sagte: ›Du ich muss dies jetzt sagen, ich habe letztens deinen Namen in meinem Telefon geändert, denn das sieht total falsch aus … Das sind die Momente, wo ich denke: Ja, die Strategie funktioniert.« (Lenn)

Sich auf diese Weise stufenweise anzunähern macht es möglich, die Reaktionen des Gegenübers zu testen und sich ggf. wieder zurückzuziehen, auf ein Outing zu verzichten oder es auf einen späteren Zeitpunkt zu verschieben.

»Wenn Grenzen da sind oder gar Rechtfertigungsdruck, dann bin ich eher zurückhaltend ... allein schon aus Selbstschutz ... ich möchte auch die Beziehungen dann nicht gefährden.« (Tea)

OUTING ODER NICHT? – EINE FRAGE DER ABWÄGUNG

Je nach Situation und Kontext muss eine nicht binäre Person immer wieder neu einschätzen, welche Strategie für ein Outing gewählt werden kann, wie viel Energie es voraussichtlich in Anspruch nimmt bzw. ob überhaupt die Chance besteht, dass das eigene nicht binäre Leben gesehen und anerkannt wird. Bisweilen braucht es lediglich Zeit und Geduld, bis andere sich nach vielen Informationen, Erklärungen und Diskussionen umstellen, anfängliche Irritation und Abwehr überwinden und auch neue Namen und Pronomen akzeptieren können.

»Meinem Bruder ist es am Anfang schwergefallen, die neuen Namen zu benutzen. Inzwischen korrigiert er sich selbst. Er hat mich im Handy anders abgespeichert, das hilft viel.« (Tea)

»Meine Schwiegereltern haben neulich gefragt, welches Pronomen ich benutze. Ich war ganz überrascht davon. Früher waren sie immer eher abweisend, was das Thema angeht. Aber jetzt, ... Sie vertun sich manchmal noch mit meinem Namen. Aber das ist okay, das ist halt die Gewohnheit. ... Ich bin sehr glücklich damit jetzt.« (Nik)

»Meine Eltern sagen manchmal: ›Unsere Tochter‹. Aber ich korrigiere sie konsequent und dann sagt meine Mutter: ›Unser Kind ‹.« (Mika)

»Mit meiner Mama kann ich über meine Queerness richtig gut reden. Das hat ein bisschen gebraucht, aber wir reden da schon sehr offen drüber und sie gendert mich inzwischen auch richtig.« (Moo)

Mit dem richtigen Namen und ohne Geschlechtszuweisung angesprochen zu werden, ist sehr bestärkend. Die Kraft, die aufgewendet werden musste, um zu informieren und aufzuklären, macht sich hundertfach bezahlt. Denn die Akzeptanz von wichtigen Bezugspersonen und die Erfahrungen, als nicht binärer Mensch angenommen und verstanden zu werden, wirken ungemein stärkend und wie ein Schutzschild gegen im Alltag erfahrene Diskriminierungen und Ausgrenzungen.

Leider sind diese Reaktionen heute (noch) nicht selbstverständlich. Manches Mal müssen Menschen schmerzlich erfahren, dass all ihre Bemühungen scheitern und sie auch in Beziehungen, die ihnen wichtig sind, nicht als die Person anerkannt, verstanden und akzeptiert werden, die sie sind.

»Ich habe mich meinem Vater gegenüber geoutet. Und er zeigte zuerst eine positive Reaktion. Dann kam beim nächsten Besuch als Begrüßung. Hallo Lady. Ich habe das erst ignoriert. Ich wollte nicht schon bei der Begrüßung Stress. Dann habe ich ihm widersprochen. Aber mein Vater will sich nicht umstellen.« (Tim)

»Meine Mutter benutzt konsequent meinen alten Namen und das alte Pronomen. Mein Bruder lehnt es auch ab, er war der Einzige auf einer Fete, der den alten Namen benutzte.« (Mark)

»Meine Eltern die ignorieren das. Wenn ich sage: ›Ich will nicht, dass du von mir als deiner Tochter sprichst‹, dann sagt meine Mutter: ›Ja okay‹. Und drei Sätze später ignoriert sie das wieder, und zwar permanent. Meine Eltern finden, dass das alles Quatsch ist und dass sich das irgendwann gibt.« (Tina)

Angesichts der tiefen Verletzung, die solch diskriminierende Reaktionen von nahestehenden Menschen hervorrufen, bleibt ein Outing eine Frage der Abwägung. Es gilt vor dem jeweiligen, individuellen Hintergrund zu entscheiden, welche Gewinne und welche Verluste mit einem Outing bzw. einer bestimmten Outing-Strategie verbunden sind.

DIE UNSICHTBARKEIT VON NICHT BINÄREM LEBEN

Je nach persönlicher Situation, den Arbeitsmöglichkeiten und dem Lebensumfeld sind die Möglichkeiten, als nicht binärer Mensch offen zu leben und akzeptiert zu werden, recht unterschiedlich. Je größer die Akzeptanz für geschlechtliche Vielfalt im privaten und beruflichen Umfeld ist, je mehr Energie ich für Erklärungen und Aufklärungsarbeit aufbringen kann und je stabiler mein eigenes Selbstverständnis als nicht binärer Mensch ist, desto mehr Spielräume habe ich, um offen nicht binär zu leben. Manche haben das Glück, sich in der Mehrzahl ihrer privaten und beruflichen Beziehungen outen zu können und selbstverständlich akzeptiert zu werden. Doch gilt das bei weitem nicht für alle. Im Gegenteil, für viele beschränkt sich der Kreis der Menschen, bei denen sie sich sicher und aufgehoben fühlen, nur auf einen mehr oder minder beschränkten Teil ihrer Kontakte, während sie in vielen beruflichen und privaten Kontexten »unter dem Radar bleiben«.

»Meine Outing-Scheu macht, dass ich einsortiert werde und ganz viele Menschen gar nicht wissen, was da abgeht.« (Leon)

»Ich spreche von mir aus nicht darüber, außer mit meinem Partner und engen Freunden.« (Tim)

Die Anzahl der Menschen, die sich als nicht binär verstehen, wird vor diesem Hintergrund vermutlich stark unterschätzt. Christina Richards, Walter Bouman und Meg Barker forschen seit vielen Jahren zu nicht binärem Leben und haben 2017 unter dem Titel »Genderqueer and non-binary Genders« eins der ersten umfassenden Bücher zum Thema herausgegeben, das leider bislang nur in englischer Sprache vorliegt. Sie legen in ihrem Beitrag dar, dass die Anzahl nicht binärer Menschen nur sehr schwer zu bestimmen ist und die Ergebnisse verschiedener Studien sehr weit auseinanderliegen. In einer älteren Studie, die Nat Titman 2014 in Großbritannien durchführte, kreuzte eine von 250 teilnehmenden Personen die Antwort »anders« an, die neben »männlich« und »weiblich« angeboten wurde. Andere internationale Studien kommen zu wesentlich höheren Zahlen. Das gilt insbesondere dann, wenn jüngere Menschen befragt werden. Solange die gesellschaftlichen Bedingungen so sind, dass Menschen aus Angst vor Benachteiligung, Diskriminierung und Gewalt nicht offen nicht binär leben oder das gar vor sich selbst nicht eingestehen können, wird es schwer sein zu ermessen, wie viele Menschen sich weder (gänzlich) als Mann noch als Frau verstehen.

»SOLANGE ICH ABHÄNGIG BIN, IST ES SCHWIERIG«

NICHT BINÄR AM ARBEITSPLATZ

Im Arbeitsumfeld kann die Angst davor, als offen lebender nicht binärer Mensch Benachteiligungen zu erfahren oder in anderer Weise diskriminiert zu werden, besonders groß sein. Einerseits steht viel auf dem Spiel, andererseits verbringen Menschen viel Zeit ihres Lebens am Arbeitsplatz und es kann daher besonders belastend sein, hier eine Rolle spielen zu müssen, die der eigenen Person zuwiderläuft.

ERFAHRUNGEN VON AKZEPTANZ IN EINER QUEERFREUNDLICHEN BETRIEBSKULTUR

Ob ich mit Akzeptanz, Verständnis und Unterstützung rechnen kann, hängt entscheidend davon ab, welches Klima auf der Arbeitsstelle generell in Bezug auf Diversität und speziell bezüglich queerer Menschen herrscht. Ist der Arbeitsplatz Teil queerer

Kontexte, wie das etwa bei einer queeren Beratungsstelle der Fall ist, so stellt ein Outing als nicht binär in aller Regel kein Problem dar. Bei Arbeitsstellen außerhalb queerer Kontexte ist das Betriebsklima entscheidend. Je diversitäts- und queerfreundlicher die Kultur ist, desto problemloser ist ein Outing möglich.

»Ich habe mich bei meiner Lohnarbeit ganz bewusst geoutet. Das war total positiv. Aber ich habe auch in einer queeren Beratungsstelle gearbeitet, also irgendwie in der Bubble.« (Quin)

»Während des Corona-Lockdown habe ich eine sehr persönliche Mail ans Kollegium meiner Schule geschrieben, dass ich nicht binär bin, meinen neuen Namen und dazu Links, so dass sie sich informieren konnten, wenn sie wollten. ... Da kamen total positive Rückmeldungen. Meine Angst war, dass die das nicht verstehen, oder dass ich da ganz schön viel erklären muss. Aber es waren echt so ganz nette, positive Rückmeldungen. Das war ein schönes Gefühl. Echt toll. ... Vorher hatte ich natürlich die Schulleitung informiert. Die waren sehr unterstützend und aufgeschlossen. Wir sind aber auch eine Schule, in der sehr viele queere Menschen sind, die da arbeiten. Von 80 sind 17 als queer geoutet. Ich weiß nicht, wie das an einer anderen Schule gewesen wäre.« (Mika)

»Ich arbeite im sozialen Bereich, da ist es vielleicht leichter als anderswo. Aber ich würde es nicht aushalten, wenn ich auf der Arbeit mit meinem alten Namen angesprochen würde. Mir war es auf jeden Fall immer wichtig, dass mein anderer Name benutzt wird. Bei meiner Chefin habe ich mit Hilfe meines Ergänzungsausweises eine andere E-Mailadresse bekommen. Das war alles kein Problem. ... Ich habe mich nach und nach geoutet. Wenn wir zu zweit, dritt oder viert im Gespräch waren, habe ich darauf hingewiesen, dass Charly mein Name ist und dass ich weder das männliche noch das weibliche Pronomen für mich verwende. Und dass ich es nett fände, wenn sie mich einfach mit Vor- und Nachnamen ansprechen. ... Die haben einfach gesagt, ja, ok. Das fand ich gut. Aber die Umsetzung dann, die funktioniert nicht. Das ist dann doch schwierig für sie.« (Charly)

QUEERFEINDLICHE BETRIEBSKULTUREN VERHINDERN OUTING

Trotz aller Fortschritte der letzten Jahre ist es momentan noch keineswegs so, dass in der Mehrzahl der Betriebe und Unternehmen eine queerfreundliche Kultur herrscht und das Outing von nicht binären Menschen als uneingeschränkt sicher eingeschätzt werden kann. Der Arbeitsplatz ist vielmehr einer der

Orte, an denen queere Menschen auch heute noch oftmals nicht sicher vor Diskriminierung und Benachteiligungen sein können. Sie laufen – wie die schon erwähnte Untersuchung von Stefan Timmermanns und anderen aus dem Jahr 2022 zeigt – nach wie vor Gefahr, nicht eingestellt, entlassen, abgewertet und benachteiligt zu werden, wenn sie sich als nicht binär zu erkennen geben. Schon bei der Bewerbung um einen Job besteht die berechtigte Angst, diskriminiert und benachteiligt zu werden, wenn in den Bewerbungsunterlagen erkennbar ist, dass eine Person nicht binär ist.

»Ich habe schon bei Jobinterviews unverschämte Fragen über mich ergehen lassen müssen, wenn ich hab durchblicken lassen, dass ich nicht binär bin. Erst ging es dann um den Job und am Ende hieß es, ob sie mich etwas Persönliches fragen können. Und dann kamen völlig grenzverletzende Fragen, zum Beispiel wie ich Sex habe, wie denn mein Liebesleben aussieht und was ich in der Hose trage.« (Moo)

»Ich habe Bewerbungen unter meinem queeren Namen geschickt und in der Mail-Signatur hatte ich den Hinweis, dass ich keine Pronomen wünsche. Und ich habe keinerlei Einladungen bekommen. Null. Als ich aber meinen anderen Namen reingeschrieben und das mit den Pronomen weggelassen habe, da wurde ich eingeladen und

hab den Job gekriegt. Das fühlt sich beschissen an, aber ich muss halt Prioritäten setzen. ... Ich brauche halt Essen und Trinken und es ist ja so, dass viele trans oder auch nicht binäre Menschen, vor allen Dingen, wenn sie dann auch noch Schwarz oder People of Color sind, einfach großen Armutsgefährdungen ausgesetzt sind.« (Moo)*

Herrscht in einem Betrieb ein Klima vor, in dem traditionelle, binäre Geschlechternormen als unhinterfragbar gelten, oder in dem gar Sexismus und Abwertungen von queeren Menschen an der Tagesordnung sind, so scheint ein Outing als nicht binär von vornherein ausgeschlossen.

»Ich habe auf der Bank gearbeitet, da war das unmöglich. Geoutet habe ich mich erst nach meinem Wechsel auf die neue Arbeitsstelle.« (Tina)

»Ich habe früher in einer konservativen Branche gearbeitet ... Dort war es schlimm genug, dass ich mit einer Frau verheiratet war ... In meinem neuen Job herrscht eine andere Kultur. .... Aber ich habe meinen Namen auf der Arbeit noch nicht verändert.« (Lenn)

»In der Kfz-Werkstatt habe ich mich nicht geoutet. Mein Chef war rassistisch und homophob. … Da bin ich freiwillig aus Sicherheitsgründen in die weibliche Schiene gegangen. Weil ich gedacht habe, okay, tu mir nichts. … Ich habe nach einem halben Jahr gekündigt.« (Mark)

»In der Beratungsagentur sage ich nichts. … Zum Beispiel wurde zu Beginn gesagt: ›Hier arbeiten keine Frauen außer Christina, aber die ist ja sowieso ein halber Mann, hat kurze Haare und ist lesbisch‹. So wird da geredet, das ist kein sicheres Umfeld.« (Bea)

ABHÄNGIGKEITSVERHÄLTNISSE UND ANONYMITÄT ERSCHWEREN OUTING

Auch wenn keine direkten Anfeindungen vermutet werden, kann es vor allem dann angezeigt sein, mich weiter als Mann bzw. Frau lesen zu lassen, wenn ich mich in einer abhängigen Position befinde.

»Meine Kolleg*innen wissen Bescheid, meiner Chefin sage ich das nicht. Ich habe mich entschieden, dass es Menschen gibt, denen ich das nicht mitteilen möchte.« (Tea)

»Meinen Untergebenen hab ich es gesagt, weil ich ein Vorbild sein will und damit sie sehen: Es gibt Menschen, wie mich. Allerdings mit der Bitte um Verschwiegenheit … Mein Chef ist ziemlich unbedarft, er hat keine Ahnung. Vermutlich wäre er wohlwollend und würde nachfragen. … Aber ich habe keine Lust, ihn dann weiterzubilden. Ich hätte auch Angst, dass er sich diskriminierend verhält oder meine Leistung weniger wertschätzt. … Auf der Arbeit fühlt es sich jedenfalls nicht sicher an, sich zu outen…. Ich habe mich damit arrangiert und werde immer mehr wütend darüber. Ich habe aber nicht den Kampfgeist, da etwas dran zu ändern, und damit in Kauf zu nehmen, dass ich die bin, die alle provoziert, beziehungsweise die den Ärger provoziert. So würde es sich, glaube ich, anfühlen. … Solange ich noch in einer Abhängigkeitsposition bin, wird das so bleiben, wie es ist. Sollte ich irgendwann in der Chefposition sein, wäre das der Moment, wo ich etwas ändern könnte. … Ich finde es auch in meinem Alltag nicht total schlimm oder so, aber auch, weil ich es total verdränge.« (Bea)

»Wenn ich mich bei meinen engen Mitarbeiter*innen outen würde, da passiert eher nichts, die kennen mich ... Aber bei meinen Vorgesetzten und Leuten, die weiter weg sind. ... da habe ich Angst, dass die nichts mit mir zu tun haben wollen, weil irgendwelche Ängste in ihren Köpfen sind, so im Sinne von ›mein Weltbild wird bedroht‹.« (Mandy)

GEFÄHRDETE GESUNDHEIT

Ist kein Outing am Arbeitsplatz möglich und muss ein Mensch dort immer wieder eine Rolle als Frau bzw. Mann spielen, die ihm nicht entspricht, so kann das die Arbeit sehr beschweren und auf Dauer extrem belastend sein.

»Ich fühle mich total unwohl dabei, wenn meine Chefin zum Beispiel sagt ›du als Frau in der Firma solltest‹ ... Das finde ich extrem unangenehm ... Und es hat mich am Anfang eingeschüchtert.« (Tea)

»Tagsüber lebe ich mit dem einen Namen und abends mit dem anderen. Das ist schon schwierig auf Dauer.« (Lenn)

Mit der Zeit kann diese Belastung die Gesundheit so stark beeinträchtigen, dass die Gefahr besteht, nicht mehr arbeitsfähig zu sein und den Arbeitsplatz zu verlieren.

»Ich bin uneins mit mir. Ich schlafe schlecht und habe Tinnitus. Wenn ich nicht früher in Rente gehen kann, das stehe ich nicht mit meiner Lebendigkeit durch. … Da falle ich in irgendein Loch oder kriege ein Burn-out oder sonst etwas. Ich weiß es nicht … Das würde nicht funktionieren, noch Jahre so weiterzumachen … Es ist irgendwie diese Zerrissenheit, da irgendwie eine Rolle spielen zu müssen, die ich nicht bin, also was ich nicht bin. … Also, man kann das über Jahre durchziehen, aber es tut einem nicht gut.« (Mandy)

Angesichts des Gewichts, das einem Arbeitsplatz und dem dort herrschenden Klima für die Gesundheit und das Wohlergehen eines Menschen zukommt, können Antidiskriminierungsprogramme und Maßnahmen zum Aufbau einer diversen Unternehmenskultur in Betrieben und Bildungseinrichtungen für queere Menschen von großem Nutzen sein. Sofern solche Maßnahmen geschlechtliche Vielfalt mit einbeziehen, erweitern sie die heute noch eher begrenzten Möglichkeiten für nicht binäre Menschen, einen Arbeits- bzw. Ausbildungsplatz zu finden, an dem sie sich ohne Angst vor Diskriminierung und Benachteiligungen entfalten können. Jeder Betrieb und jede Bildungseinrichtung, die sich auf den Weg macht, eine queerfreundliche Kultur zu schaffen, trägt damit in wesentlichem Maße dazu bei, dass sich die Lebensqualität und Gesundheit nicht binärer Menschen verbessern.

LOU

(37 JAHRE)

Als unser Kind vor 3 Jahren zur Welt kam, ging ein Traum von mir in Erfüllung. Ich stamme aus einer großen Familie, habe noch vier Geschwister und schon immer war es mein Wunsch, selbst einmal Kinder zu haben. Unser Kind heißt Toni und im Geburtenregister wurde »weiblich« eingetragen. Toni ist jetzt 3 Jahre alt und es sieht so aus, dass Toni sich eindeutig als Mädchen versteht. Ich bin darüber ganz froh. Es hört sich vielleicht merkwürdig an, wenn ich als nicht binärer Mensch das sage. Aber in dem Umfeld, in dem wir leben, da wäre es für uns und vor allem auch für Toni sehr schwierig, wenn es anders wäre. Wir leben auf dem Land. Meine Frau und ich sind vor vier Jahren hierhin gezogen. Wir haben nach langer Suche einen wunderschönen Kotten gefunden. Unser Haus liegt ganz ruhig, direkt am Waldrand in einem kleinen Ort. Von Anfang an haben wir uns hier sehr wohl gefühlt. Wir haben einen großen Garten und auch sonst alles, was wir zum Leben brauchen. Ich lebe von meiner Kunst und von den Malkursen, die ich gebe. Das alte Gartenhaus war ideal für ein Atelier. Wir haben es umgebaut und es ist ein großes Glück hier arbeiten zu können. Für Kinder ist es auch super, dass wir mitten in der Natur sind und so viel Platz da ist. Was das Thema Geschlecht angeht, scheint sich hier in den letzten dreißig Jahren allerdings noch nicht viel verändert zu haben. Wenn du nicht der Norm entsprichst, hast du es schwer, erst recht, wenn du trans* bist oder nicht binär. Das merke ich ja an mir.

Dass ich nicht binär bin, war für unsere direkten Nachbarn am Anfang sehr befremdlich. Als wir hier hingezogen sind, da haben wir erst einmal gar nichts gesagt dazu. Aber es war ihnen anzumerken, dass sie nicht wussten, wie sie mich lesen sollten. Sie eierten da so rum und waren offensichtlich sehr verunsichert, ob sie mich nun als Frau Meyer oder als Herr Meyer ansprechen sollten. Mir ist eine gute Nachbarschaft sehr wichtig und ich habe mich dann bald entschlossen, ihnen einfach zu sagen, dass ich nicht binär bin und das Pronomen they benutze. Sie hatten davon schon einmal gehört, aber waren noch nie einer nicht binären Person persönlich begegnet. Es hat bestimmt zwei Jahre gedauert, bis sie sich daran gewöhnt haben und auch heute misgendern sie mich noch oft. Es nervt mich, aber sie meinen es nicht böse und korrigieren sich immer direkt, wenn ich sie darauf aufmerksam mache. Eigentlich verstehen wir uns sehr gut, aber ich befürchte, dass sie unser Kind insgeheim bedauern, weil es nicht einfach Vater und Mutter hat. Der nächste größere Ort ist fünf Kilometer entfernt. Auf dem Wochenmarkt dort und im Laden werde ich mal als ›junge Frau‹, mal als ›junger Mann‹ angesprochen. Damit kann ich leben. Ich kann es ja auch nicht ändern. Natürlich nervt es mich, aber ich will da ja nur einkaufen und nicht mit fremden Leuten darüber diskutieren, was für ein Geschlecht ich habe. Wenn es normal wäre, einfach zu sagen, dass ich nicht binär bin, dann wäre es kein Problem. Aber ich denke, dass sie das nicht verstehen würden. Also lass ich es einfach so stehen und versuche so gut ich kann, es zu überhören.

Schlimm war es, als Toni in die Krabbelgruppe kam. Die anderen Elternteile dort waren ausschließlich Frauen. Zuerst wurde ich als femininer Mann gelesen und mir schlug eine gewisse Bewunderung dafür entgegen, dass ich mich als Mann um unser Kind so kümmerte. Ich wollte das korrigieren und habe gesagt, dass das mit dem Mann nicht ganz stimmt. Noch ehe ich die Chance hatte, mehr dazu zu sagen, war schon klar, dass ich dann eine Frau bin. Damit war ich dann auch automatisch die Mutter und hatte unser Kind natürlich auch zur Welt gebracht. Und selbstverständlich hatte ich zuhause einen Mann, der keine Elternzeit nimmt und deshalb nie auftaucht. Was sollte ich dazu noch sagen? Wo sollte ich mit Erklären anfangen? Dass ich unsere Tochter nicht geboren habe, das habe ich klargestellt. Zu mehr war ich nicht in der Lage. Als sie dann meine Frau kennengelernt haben, galten wir als lesbisches Elternpaar. Das war schwierig genug. Zu nicht binär sind wir gar nicht gekommen. Meist habe ich mich aus den Gesprächen der Mütter ausgeklinkt. Ich habe sie reden lassen und mit den Kindern gespielt.

Ich selbst bin auf einem Bauernhof groß geworden. Wir Kinder waren viel draußen, haben gespielt oder mussten auch ab und zu in der Landwirtschaft mithelfen. Ich kann mich nicht erinnern, dass da ein Unterschied zwischen Mädchen und Jungen gemacht wurde. Dass ich als Mädchen galt, habe ich nur manchmal gemerkt, es war einfach so. Als Kind habe ich mir über Geschlecht eigentlich gar keine Gedanken gemacht, auch nicht über meine Kleidung. Abgesehen vom Geburtstag meiner Oma und der Kinderkommunion habe ich keine Kleider getragen. Meine Mutter fand es zwar schade, dass ich die guten Stücke sonst nie angezogen habe, aber sie selbst trug auch meistens praktische Arbeitshosen, außer am Sonntag, wenn sie in die Kirche ging.

Weil ich sehr gute Noten hatte, hat die Grundschullehrerin meine Eltern so lange bearbeitet, bis ich zum Gymnasium gehen durfte. Noch heute bin ich ihr sehr dankbar dafür, dass sie sich so für mich eingesetzt hat. Ich weiß nicht, wie mein Leben sonst verlaufen wäre. Es wäre sicher vieles anders geworden, wenn ich auf all das hätte verzichten müssen, was mir die Schule und vor allem das Studium später ermöglicht hat. Ich bin froh, diese Chancen bekommen zu haben, obwohl es mir auf dem Gymnasium gar nicht gut ging. Ich fühlte mich dort nicht willkommen und von Beginn an fremd und irgendwie außen vor. Nur drei oder vier andere Kinder kamen wie ich vom Land, und wir hatten das Gefühl, nicht wirklich dazuzugehören, zu denen, die in der Stadt zuhause waren. Außerdem war die Welt hier strikt geteilt. Im Sportunterricht wurden wir getrennt und insgesamt erschien es mir so, als lebten Mädchen und Jungen in getrennten Welten. Die Welt der einen drehte sich um Mode, Kleidung, Schminktipps, Beziehungen und Diäten, die der anderen um Fußball, Autos, Technik und Computer. Zum ersten Mal in meinem Leben hatte ich das Gefühl, mich zwischen »männlich« und »weiblich« entscheiden zu müssen, wenn ich nicht allein und isoliert dastehen wollte. Und zum ersten Mal war ich unglücklich, ein Mädchen zu sein. In den verschiedenen Mädchencliquen fühlte ich mich fehl am Platz, und mit den Jungen durfte ich nicht mehr mitspielen, weil ich ein Mädchen war. Ich stand zwischen allen Stühlen und fühlte mich in jeder Beziehung falsch. Ich war offensichtlich nicht nur vom Lande, sondern passte auch sonst nicht rein in diese Welt.

Meine Rettung war die Schulbibliothek. In jeder Pause und wann immer ich eine Freistunde hatte, zog ich mich dorthin zurück. Ich las alles, was ich hier finden konnte, Romane, Sachbücher und Zeitschriften aller Art. Nach außen hin pflegte ich mein Image als Leseratte und galt den anderen als Sonderling, der sich scheinbar selbst genug war. Innerlich fühlte ich mich verloren, falsch, verlassen und einsam.

Das viele Lesen und Lernen zahlte sich aus. Meine Noten wurden immer besser und waren bald die Besten in der Klasse. Damit begann es, das Mobbing. Es waren drei Kinder aus meiner Klasse, die plötzlich damit begannen, mich auf jede erdenkliche Art zu schikanieren. Manchmal kippten sie zum Beispiel meine

Schultasche im Klassenraum aus und verstreuten alle meine Sachen auf dem Boden. An anderen Tagen schubsten sie mich grundlos herum, beschimpften mich oder schrieben ›Lou das Monster‹ an die Tafel. Niemand kam mir zur Hilfe, ich war ganz auf mich allein gestellt und mit der Zeit wurde es immer schlimmer. Meinen Eltern konnte ich nichts davon sagen, hatten sie doch ohnehin nicht gewollt, dass ich aufs Gymnasium gehe. Als ich es nicht mehr ausgehalten habe, habe ich alles einer Lehrkraft erzählt, zu der ich Vertrauen hatte. Sie hat das Mobbing nicht stoppen können aber schließlich dafür gesorgt, dass ich zu Beginn der 8. Klasse einen Platz an einer anderen Schule bekommen habe.

Wenn irgendetwas gut war am Mobbing, dann war es, dass ich auf diese neue Schule kam. Hier begann für mich ein neues Leben. Es herrschte ein ganz anderes Klima an dieser Gesamtschule. Wir waren sehr heterogen in der Klasse. Es gab immer Leute, die anders waren und dachten als andere und die Lehrkräfte waren sehr auf ein gutes Miteinander bedacht. Ich fand sofort Anschluss an eine Gruppe von Mädchen, mit denen ich dann Kontakt bis zum Abitur hatte. Es waren schon so die etwas besonderen Mädchen, die man vielleicht als Außenseiterinnen bezeichnet, die nicht so mit dem Trend mitgegangen sind. Das war eine Clique, die sich nicht haben beeinflussen lassen und die auch mehr Sport gemacht haben und so etwas. Manche wurden dann schon auch gehänselt, wegen ihrer Kleidung oder ihrem Aussehen. Aber ich bin durch die Zeit gut durchgekommen, weil ich an dieser Schule sowohl mit diesen Mädchen als auch mit den Jungen gut konnte. Bei den Jungen durfte ich hier mitmachen beim Sport. Das war hier nicht so extrem getrennt wie an der anderen Schule. In der Abiturzeitung stand dann über mich der Kommentar: ›Lou gehört ja fast schon zu den Jungs‹.

Nach der Schule habe ich eine Ausbildung zur technischen Zeich*nerin gemacht, so hieß das damals. In dem Ingenieurbüro arbeiteten fast nur Männer. Wir hatten ein kumpelhaftes Verhältnis zueinander und haben sogar manchmal nach Feierabend ein Bier zusammen getrunken. Nervig war nur mein Chef. Er stellte ständig übergriffige Fragen, nach dem Motto, ob ich denn einen Freund hätte und wann ich heiraten wollte. Ich hätte zwar damals noch nicht ausdrücken können, was ich vom Leben wollte. Doch einen Freund finden und ihn heiraten gehörte definitiv nicht dazu. Schon während der Schulzeit hatte ich mich in eine Mitschülerin aus der Parallelklasse verliebt. Auch wenn ich mich nicht getraut hatte, sie anzusprechen, seither wusste ich, dass ich Frauen begehre.

In Berlin fand ich sie, die Frauen meiner Träume. Direkt nach meiner Ausbildung war ich in die queere Hauptstadt aufgebrochen und genoss meine neue Freiheit. Ich hatte eine Arbeit und eine kleine Wohnung gefunden und auch wenn ich meine Beziehung zu Frauen auf der Arbeitsstelle und meiner Familie gegenüber versteckt hielt, fühlte ich mich von alten Zwängen befreit. Nach der ersten Euphorie machte sich jedoch fast unmerklich das alte Gefühl wieder breit, dass irgendetwas doch nicht so richtig passt – ein schwer beschreibbares und unerklärliches Gefühl des Fehlens und der Unstimmigkeit. Die Lesben in meinem Umfeld schienen gar nicht darüber nachzudenken, und ihnen schien völlig klar zu sein, was eine Frau ist. Mir aber fehlte dieser innere Link dazu. Ich hatte eine Vulva und Brüste, also war ich wohl eine Frau, aber es fühlte sich falsch an. Nicht nur mein Körper war mir fremd, irgendwie stimmte alles nicht für mich. Ich war keine Frau. Also, dachte ich, war ich wohl ein Mann.

In der Selbsthilfegruppe von trans Männern fand ich Rückhalt. Endlich fand ich Menschen, die sich nicht als Frau sahen, obwohl das in ihrem Pass stand. Ich fand Freunde, mit denen ich bis heute eng verbunden bin und die begriffen, was es heißt, sich falsch und fremd zu fühlen im eigenen Körper und insgesamt in dieser Welt. Es war befreiend, offen sagen zu können, dass ich keine Frau bin, meinen weiblich gelesenen Namen abzulegen und mich Lou zu nennen. Ich konnte darüber sprechen, dass ich mich mit meinem Körper fremd und irgendwie unstimmig fühle, ohne Zurückweisung oder Befremden zu erfahren. Doch vor Eingriffen in meinen Körper schreckte ich zurück. Ich wollte versuchen, mehr Kontakt zu meinem Körper zu finden und ihn so anzunehmen, wie er ist. Erst viele, viele Jahre später, als ich mich als nicht binär begriffen hatte, konnte ich mir eingestehen, dass ich medizinische Hilfe benötige. Da erst habe ich angefangen in ganz sachten Dosen Testosteron zu nehmen, damit das, was ich sehe, mit dem übereinstimmt, wie mein eigenes Körperbild ist. Vorher, in der Selbsthilfegruppe war ich die einzige Person, die Abstand von Hormonen und Operationen nahm. Ich wurde daher als eine Person angesehen, die auf halbem Weg stehen bleibt. Rückblickend würde ich sagen, dass mir damals schon klar war, dass dieses ›Auf halbem Weg stehengeblieben‹ eigentlich mein Ziel ist. In gewisser Weise wusste ich schon damals, dass ich gerne uneindeutiger aussehen möchte, dass ich erst dann bei mir angekommen bin. Aber so richtig vorstellen, oder in Worte fassen, konnte ich das nicht, weil es ja gar keine Worte dafür gab. Ich habe mich fast 10 Jahre lang als trans* verstanden. Das Sternchen drückte für mich irgendwie aus, dass etwas anders war, aber ich konnte es nicht in Worte fassen. Ich dachte, dass ich der einzige Mensch auf der Welt bin, der so ist wie ich. Von nicht binären Menschen hatte ich noch nie etwas gehört.

Das Wort nicht binär fand über die Kunst zu mir. Neben den technischen Zeichnungen in meinem Beruf hatte ich in Berlin angefangen, Skulpturen zu entwerfen und zu gestalten. Auf Anraten eines Freundes hatte ich mich mit meinen Werken um ein Stipendium an der Kunsthochschule beworben und wider Erwarten wurde ich ausgewählt. Jährlich gab es Ausstellungen, auf denen wir Studierenden unsere Werke präsentierten. Es war eine solche Ausstellung, auf der ich zum ersten Mal eine Person als nicht binär wahrnahm. Sie stand im Mittelpunkt einer kleinen Gruppe von Studierenden und erläuterte gestenreich, was ihre Werke mit ihrem nicht binären Leben zu tun hätten. Ich war wie paralysiert. Als ich zuhause das Wort ›nicht binär‹ ins Netz eingab, fiel es mir wie Schuppen von den Augen. Ich konnte nicht verstehen, dass ich da nicht schon lange drauf gekommen war. Das ist es, nicht binär trifft es absolut. Das ist genau das, wie ich mich empfinde, also dass ich mich nicht als Frau empfinde und auch nicht als Mann. Ich bin nicht binär und es gibt noch andere, die so sind wie ich. Zum ersten Mal in meinem Leben hatte ich das Gefühl, dass ich so, wie ich bin, nicht völlig allein bin auf dieser Welt.

Ungefähr zu dieser Zeit lernte ich meine große Liebe kennen. Franziska war auch eine Zugezogene und wir verstanden uns vom ersten Tag an. Sie gab mir von Anfang an das Gefühl, mich so zu lieben, wie ich bin. Vielleicht kann ich sogar sagen, dass sie mich liebt, weil ich so bin, wie ich bin. Konnte ich mir früher nicht vorstellen, jemals zu heiraten und eine Familie zu haben, so änderte sich mit Franziska alles. 2018 heirateten wir und 2019 kam unser erstes Kind zur Welt. Die Entscheidung, Berlin wieder zu verlassen und zurück aufs Land zu ziehen, fiel uns nicht leicht. Das Leben in der Großstadt bietet queeren Menschen in vielerlei

Hinsicht Vorteile. Doch in meinem Herzen bin ich wohl immer ein Kind vom Land geblieben. Mir fehlt in der Stadt die Weite, mir fehlt die Natur und auf Dauer überfordert es mich, mit so vielen Menschen auf engem Raum zu leben. Franziska geht es genauso und so wohnen wir nun schon seit drei Jahren in unserem Kotten auf dem Land.

Wir wünschen uns ein zweites Kind und hoffen sehr darauf, dass das Abstammungsrecht sich bis dahin geändert hat. Toni musste ich als Stiefkind adoptieren. Das hat fast zwei Jahre gedauert und war mit unzähligen Behördengängen, kränkenden Erfahrungen und Ängsten verbunden. Allein die Vorstellung, Franziska könnte etwas zustoßen, war der Horror für uns. Ich hätte keinerlei Recht gehabt, mein eigenes Kind zu behalten. Ich finde das so ungerecht. Bei unserem zweiten Kind würde ich uns das gerne ersparen. Eine Möglichkeit wäre, meinen Personenstand nicht auf divers zu ändern, sondern mich als trans Mann anerkennen zu lassen. Dann wäre ich nach der Geburt direkt der Papa und müsste gar nichts machen. Aber dann hätte ich ja wieder einen Eintrag, der eigentlich nicht zu mir passt, der nicht zu meinem Erscheinungsbild passt und das möchte ich auch nicht.

Für die Zukunft hoffe ich, dass es immer mehr Räume gibt, in denen nicht binäre Menschen selbstverständlich sind, nicht nur in Großstädten, sondern auch hier auf dem Land. Ich sehne mich danach, nicht nur in der direkten Nachbarschaft als nicht binärer Mensch akzeptiert und geachtet zu werden, sondern auch in der Kita und Schule meiner Kinder und zum Beispiel im Sportverein. Ich wünsche mir, dass unsere Familie genauso selbstverständlich anerkannt wird wie andere Familien, dass meine Kinder ohne Angst über ihr zuhause sprechen können und vieles mehr. Ich weiß, dass dies nicht von heute auf morgen Wirklichkeit werden wird. Es wird noch ein wenig Zeit brauchen. Doch der Anfang ist gemacht. Sobald das Selbstbestimmungsrecht in Kraft tritt, werde ich meinen Personenstand ändern. Ich freue mich schon jetzt auf den Tag, an dem ich einen Ausweis auf den Namen Lou in den Händen halte. Es wird der Ausweis einer Person sein, nach der ich lange gesucht und die ich endlich gefunden habe.

»ES IST EIN GEFÜHL VON UNSICHTBAR SEIN«

MISGENDERING

Selbst wenn es möglich ist, in fast allen Beziehungen und Bereichen des privaten und beruflichen Lebens offen nicht binär zu leben, so kann das doch nicht verhindern, in vielen Situationen des Alltags immer wieder als Frau oder Mann angesprochen zu werden. Nicht nur Fremde oder Menschen, die mich nicht genauer kennen, tun das. Auch diejenigen, denen bekannt ist, dass ich mich als nicht binär verstehe, sind oftmals in alten Gewohnheiten verhaftet. Selbst dann, wenn sie prinzipiell bereit sind, Akzeptanz aufzubringen, kommt es doch immer wieder vor, dass sie sich auf die Realität nicht binärer Personen nicht einzustellen vermögen oder es nicht wollen.

DIE BOTSCHAFT, KEINE EXISTENZBERECHTIGUNG ZU HABEN UND IHRE VERLETZENDE WIRKUNG

Es ist kräftezehrend und kann sehr verletzend sein, Tag für Tag viele Male falsch adressiert zu werden. Das kann sehr direkt geschehen, wenn ich beispielsweise mit dem alten, abgelegten Vornamen angesprochen, als Frau X oder Herr Y betitelt, oder in Briefen und Mails mit »Sehr geehrte Frau X« oder »Lieber Herr Y« angeredet werde. Eine falsche Adressierung kann sich jedoch auch indirekt zeigen. Werden zum Beispiel für mich als nicht binäre Person Pronomen wie sie, ihr, er, ihm oder gegenderte Begriffe wie Schwester, Bruder, Lady und dergleichen benutzt, so wird mir damit eins der beiden binären Geschlechter zugewiesen. In jedem Misgendern spiegelt sich die Selbstverständlichkeit wider, mit der in einer binären, cis-normativen Gesellschaft alle Menschen als Mann oder Frau gelesen werden und nicht binäre Menschen nicht zu existieren scheinen. Es transportiert die Botschaft, als nicht binärer Mensch keinen Platz in dieser Gesellschaft zu haben, nicht dazuzugehören und keine Existenzberechtigung zu haben.

»Es ist ein Gefühl von unsichtbar sein, das Nicht-binär-Sein abgesprochen zu bekommen.« (Tim)

»Mir geht es nicht so gut damit. Das ist wie kleine Stiche.« (Tina)

»Es ist, wie wenn es dich nicht gibt eigentlich, also jedenfalls nicht so, wie du bist.« (Nik)

Wie belastend und verletzend es ist, wenn die eigene Existenz als nicht binärer Mensch in Frage gestellt wird, hängt von verschiedenen Faktoren ab. Eine große Rolle spielt dabei die Einschätzung, was dem Misgendern zugrunde liegt. Es ist ein großer Unterschied, ob das Gegenüber es gerade nicht besser kann oder ob Absicht dahintersteckt und sich im Misgendern eine Weigerung ausdrückt, mich als nicht binär anzuerkennen.

Wenn sich beispielsweise bei einem alten Menschen klar einschätzen lässt, dass es ihn überfordert, sich umzustellen, so wird ein Misgendern als weniger verletzend empfunden. Vor allem dann, wenn das Bemühen um eine richtige Ansprache spürbar ist, kommt etwa in der Beziehung zu Großeltern nicht das Gefühl auf, als nicht binäre Person nicht existieren zu dürfen.

»Mein Opa ist 92 Jahre alt und nimmt meinen alten Namen. Das ist für mich okay.« (Tea)

»Meine Großeltern wechseln zwischen femininen Zuschreibungen und dem Pronomen »er«. Die gucken so ein bisschen. Und dann geht es hin und her. Das ist okay für mich. Ich merke ihre Intention, mir nicht wehtun zu wollen.« (Moo)

Auch bei fremden Menschen oder dann, wenn das Misgendern in flüchtigen Situationen entsteht, wird in der Regel in Rechnung gestellt, dass viele Menschen in unserer Gesellschaft noch im binären Denken verhaftet sind und es oftmals auch nicht besser wissen können. Zwar vermittelt auch hier die falsche Ansprache die Botschaft, als nicht binärer Mensch in dieser Gesellschaft keinen Platz zu haben und wirkt belastend. Doch wirkt diese Botschaft, wird sie von Fremden empfangen, weniger verletzend als bei Menschen, mit denen häufiger Kontakt besteht. Die meisten widersprechen in diesen Situationen eher selten, da sie keine Energie für einen Widerspruch aufwenden und sich vor allem nicht mit eventuellen Reaktionen des Gegenübers auseinandersetzen wollen.

»Es fühlt sich wie eine Fehlzuschreibung an, die so ein ungesehen sein macht. ...
Bei Personen, die mich nicht kennen, stört und nervt es. Aber ich denke: Gut, wir leben in einer binären Gesellschaft und es haben halt nicht alle auf dem Schirm.« (Quin)

»Bei flüchtigen Begegnungen, da ist es manchmal auch in Ordnung für mich.« (Tea)

»Es nervt mich. Aber ich habe nicht die Energie mich darum zu kümmern ... Ich versuche, es abzuhaken ... Hier in der Gegend wird man oft

geduzt, ... Auch auf der Arbeit duzen sich alle. Das macht es einfacher.« (Lenn)

»Es nervt. ... Bei flüchtigen Kontakten mache ich keine Korrekturen, weil die meisten das ja nicht böse meinen.« (Mark)

»Wenn ein Taxifahrer sagt: ›Na, junge Frau, wo soll's denn hingehen?‹ Dann denke ich: ›Komm, dem musst du jetzt nichts erzählen‹.« (Mika)

Bei Menschen, die wissen, dass ich nicht binär lebe, ist es wesentlich schwerer, die falsche Ansprache zu verkraften und einen Weg zu finden, mit ihr umzugehen. Hier wird es in der Regel als sehr verletzend empfunden, misgendert zu werden. Es kann Unbehagen, Trauer, Resignation oder Wut auslösen sowie das Gefühl, nicht ernst genommen und als Person negiert zu werden.

»Bei einer nahestehenden Person beziehungsweise einer Person, die weiß, dass ich nicht binär bin, stört es viel mehr. Dann fühle ich mich nicht ernst genommen. ... Dann ist es eine größere Sache. ... Es ist ein Gefühl von nicht gesehen werden, oder dass meine Perspektive nicht so wichtig ist.« (Quin)

»Auf der Arbeit kriegen die Leute das nicht hin. ... Die meisten wissen, dass ich nicht binär bin. Aber sie schreiben mich trotzdem falsch an. Ich frage mich dann immer, was ist das? Ist das so fern von eurer Realität, dass es nicht in euren Kopf reingeht? Ich glaube schon.« (Charly)

»Es macht mich wütend und ich habe dann das Bedürfnis, mich in einem Kontext zu bewegen, wo ich offen damit sein kann und wo ich mich akzeptiert fühle.« (Bea)

»Wenn die Leute es nicht wissen, okay ... aber wenn ich es schon gesagt habe und die Person macht es trotzdem, dann nervt es und macht mich wütend.« (Tina)

Es kostet viel Kraft und Energie, misgendert zu werden und die darin liegende Botschaft, als nicht binäre Person keinen Platz in dieser Gesellschaft zu haben, innerlich zurückzuweisen. Unabhängig davon, ob eine Person sich gegen falsche Ansprachen wehrt oder sie einfach schweigend hinnimmt, in jedem Fall stellt Misgendern eine nicht zu unterschätzende Belastung dar und hat das Potential, Menschen in ihrem Kern anzugreifen und zu verletzen.

DEM MISGENDERN WIDERSPRECHEN – CHANCEN UND HINDERNISSE

Ob ein Widersprechen sinnvoll ist und gewagt werden kann, ist nicht einfach zu entscheiden. Es hängt von der Tagesform, der Art der Beziehung und der vermuteten Reaktion des Gegenübers ab. Fühle ich mich gerade stark, so lässt es sich leichter widersprechen als an Tagen, an denen ich ohnehin schon geschwächt bin. Bin ich von meinem Gegenüber abhängig, so ist es schwerer als aus einer Machtposition heraus. Je sicherer es ist, dass die andere Person nicht binäres Leben grundsätzlich akzeptiert und sich spontan korrigieren wird, desto einfacher lässt sich die Situation klären und desto weniger verletzend wirkt die falsche Ansprache. Immer dann, wenn es sich eher um ein Versehen handelt, das der Gewohnheit geschuldet ist, genügt meist ein kurzer Hinweis. Auf diese Weise kann dann mit der Zeit eine genderneutrale Ansprache zur neuen Gewohnheit werden.

*»Bei engeren Kontakten, sage ich etwas dagegen, ... Auch direkten Kolleg*innen gegenüber spreche ich es an, wenn sie den falschen Namen benutzen. Bei Mails von anderen Firmen unterschreibe ich einfach weiter mit meinem neuen Namen.« (Tea)*

»Es ist mir immer unangenehm, etwas zu sagen. Aber bei meinen Freund*innen und bei denen, wo ich mich sicher fühle, da ist es kein großes Ding, da mache ich es und fertig. Denn sonst ändert es sich ja nie.« (Nik)

»Auf der Arbeit bin ich die Chefin. Da spreche ich es an und suche die Konfrontation. Ich bestehe darauf, dass meine Mitarbeitenden das hinterfragen.« (Quin)

»IN 99 PROZENT DER FÄLLE SAGE ICH NICHTS«

In vielen Situationen erfordert es jedoch zu viel Kraft und Mut, zu widersprechen und darum zu bitten, nicht als Frau oder Mann bzw. mit dem abgelegten Namen angesprochen zu werden. Zum einen kann das Misgendern so häufig vorkommen, dass die schiere Anzahl an Situationen, in denen es nötig wäre zu widersprechen, die persönlichen Kapazitäten übersteigt. Zum anderen ist es oft nicht einschätzbar, welche Reaktionen wohl zu erwarten sein werden und ob die Bitte um eine genderneutrale Ansprache auf Widerstand stößt, zu kräftezehrenden Diskussionen führt oder gar offen verweigert wird.

»Ich müsste an so vielen Stellen argumentieren, damit ich richtig angesprochen werde, und da habe ich gerade nicht die Kraft für. ... Es ist immer die Frage: Ist es mir das gerade wert, mich zu wehren.« (Quin)

»Ich lasse es meist stehen, wenn ich falsch angesprochen werde. Es bewegt mich aber, es ist halt wie Stolpern. Und es ist schwierig, weil es so oft ist. Dadurch ist es viel und anstrengend, wie ein ständiger Alarm. Mit Kind ist es noch stärker.« (Nele)

»In 99 Prozent der Fälle sage ich, nichts ... Das ist eins der Dinge, die ich akzeptiert habe, denn immer Leidensdruck deshalb zu haben, ist unbequem und deshalb versuche ich es hinzunehmen, weil es mich zu viel Energie kostet, darüber immer verzweifelt zu werden. Aber es ist natürlich kein besonders schöner Zustand.« (Bea)

»Ich sage selten etwas, ich kann das nicht so gut, für mich da einzustehen. Da finde ich Kinder irgendwie cool. Wenn mein Name falsch benutzt wird, dann sagt meine Tochter sofort: ›Das ist falsch‹. Ich merke, ich kann das schlecht.« (Charly)

»Es kommt darauf an, wie sicher ich mich fühle in der Situation. Fühle ich mich sicher und stabil genug, etwas zu erwidern? ... Wenn ein Machtgefälle besteht oder ich mich zu schwach fühle, dann sage ich nichts. ... In unserer Nachbarschaft ist das zum Beispiel schwierig. Ich habe es ihnen gesagt, aber die verstehen das nicht ... Ich habe auch oft keine Kraft zu diskutieren.« (Tina)

Zahlreiche Befürchtungen und Ängste können davon abhalten, zu widersprechen, zum Beispiel der anderen Person damit zu viel zuzumuten, sich unbeliebt zu machen, ausgegrenzt zu werden oder realisieren zu müssen, dass die andere Person gar nicht bereit ist, nicht binäres Leben anzuerkennen.

»Es nervt mich und macht mich wütend, falsch einsortiert zu werden, aber ich habe Angst davor, mir einzugestehen, dass die anderen nicht bereit sind, mich anzuerkennen und ich dann Konsequenzen ziehen müsste. Deshalb sage ich lieber nichts mehr und lass es über mich ergehen.« (Tina)

»Ich habe Angst vor aktiver Ausgrenzung und Mobbing und davor ... vielleicht mich durchzusetzen und zu sagen: Ich möchte nicht mehr mit Frau X angesprochen werden. Ich bin eh' schon schwierig, ich mute Leuten etwas zu und dann müssen sie das auch noch aushalten und dann machen sie das vielleicht nicht mehr mit. ... Ich empfinde das nicht als Zumutung, aber ich weiß, dass es Leute gibt, die das kompliziert finden, die das anstrengend finden ... Und natürlich macht das eine Form von Angst.« (Lenn)

»Ich will ja auch nicht jedes Mal da in einen Konflikt gehen oder irgendwie Stress machen, indem ich jedes Mal etwas dazu sage. So würde es sich jedenfalls für mich anfühlen. Ich will nicht die Person sein, die immer meckert.« (Mika)

»Ich frage mich dann, wie oft darf ich daran erinnern? Wie nervig darf ich sein? Also dieses Ding: Wann bin ich nervig und wann trete ich gut für mich ein? Ich will einfach nicht nervig sein. Also, ich mag Menschen nicht, die nerven. Auf der anderen Seite muss ich natürlich aufpassen, dass ich über die anderen nicht zu sehr genervt bin und die dann gar nicht wissen, warum. ... Ich habe immer so eine Hürde, für mich einzustehen, und auf der Arbeit ist auch oft nicht die Zeit für Gespräche.« (Charly)

Besonders belastend ist es, wenn die Bitte nach einer korrekten Ansprache als Angriff gewertet wird, auf den gerechtfertigterweise aggressiv reagiert werden dürfe. Damit werden dann die Rollen umgekehrt, welche Person sich verletzend verhält und welche die leidtragende Person ist.

»Am schlimmsten finde ich, wenn ich dann auch noch angegangen werde, weil ich jetzt zu empfindlich wäre und so. Das wird dann so gedreht, dass ich das Problem bin und nicht die Person, die mich misgendert hat.« (Ka)

In Abhängigkeitsbeziehungen kommt noch die Angst hinzu, als schwierig und unbequem eingestuft zu werden und dadurch Nachteile zu erfahren.

»Auf der Arbeit werde ich jeden Tag misgendert. Da wird mein Deadname benutzt und das falsche Pronomen. Das ist nicht angenehm. Und gleichzeitig weiß ich, ich muss das hinnehmen, denn sonst kriege ich kein Geld. Wenn ich da zu doll einen Aufruhr mache, das geht nicht. Denn ich muss mich sichern. Ich will nicht arbeitslos oder sogar wohnungslos werden. Ich brauche Geld, also muss ich das hinnehmen. Außerdem habe ich auf der Arbeit auch keine Energie dafür, das immer wieder zu erklären.« (Moo)

»Zum Beispiel bei Ärzten da will ich nicht in die Konfrontation gehen, weil ich ja wegen etwas anderem dann da bin und ich brauche ja vielleicht auch etwas von denen, zum Beispiel eine Krankschreibung.« (Quin)

»Ich habe es der Ärztin einmal gesagt, aber sie hält sich nicht daran. Und dann wiederhole ich es nicht bei ihr. Ich bin abhängig von ihr, dadurch, dass ich bestimmte teure Tabletten verschrieben kriege von ihr, wegen meiner Erkrankung, die halt chronisch ist..... Ich gehe da rein und dann ziehe ich mir innerlich meinen Schutzanzug vorher an. ... ja und dann gehe ich raus und versuche das dann so wegzudrücken.« (Tina)

»Ich habe einmal den Orthopäden gefragt, ob das etwas ausmacht, wenn ich mit Silikonbrüsten rumlaufe wegen des Gewichts. ... Er hat mich trotzdem ungefragt als Herr betitelt. ... Da habe ich mich irgendwie für den Moment in das Schicksal gefügt.« (Mandy)

Vor diesem Hintergrund ist es in sehr vielen Situationen nicht möglich, nach außen wahrnehmbar zu reagieren, wenn der eigenen Person fälschlicherweise ein binäres Geschlecht zugeschrieben wird. Obwohl diese Erfahrung vor allem wegen ihrer Häufigkeit sehr belastend sein kann, bleibt oft nichts anderes übrig, als das Misgendern immer wieder widerspruchslos über sich ergehen zu lassen und zu versuchen, die damit einhergehende Belastung, so gut es geht, zu verarbeiten.

»ICH KÖNNTE MIR VORSTELLEN NEOPRONOMEN ZU BENUTZEN, WENN DIE MEHR IM ALLTAG ANGEKOMMEN SIND«

SIE, ER, XIER, ENS, THEY, ... ODER KEINS? – DIE SUCHE NACH PASSENDEN PRONOMEN

Eine besondere Bedeutung kommt im Zusammenhang mit Misgendern dem Gebrauch von Pronomen zu, die nicht geschlechtsneutral sind. In der deutschen Sprache betrifft das die Pronomen sie und er sowie die zugehörigen Formen ihrer, ihr und seiner, ihm, ihn. Jedes Mal, wenn eins dieser Pronomen für eine Person benutzt wird, wird dieser das männliche oder weibliche Geschlecht zugewiesen. Das geschieht in der alltäglichen Kommunikation sehr häufig und ohne sich dessen bewusst zu sein. Nicht binären Menschen wird hierdurch eher beiläufig und unbeabsichtigt immer wieder ein Geschlecht zugewiesen, das ihnen nicht entspricht. Um diese Form des Misgenderns zu vermeiden, braucht es Alternativen. Doch für Personen existieren im Deutschen keine entsprechenden geschlechtsneutralen Pronomen. Im Schwedischen wurde mit hen ein solches Pronomen eingeführt. Hen wird in offiziellen Verlautbarungen wie Gesetzestexten ebenso wie im alltäglichen Sprachgebrauch immer dann benutzt, wenn das Geschlecht einer Person irrelevant für den beschriebenen Zusammenhang ist. Im Englischen verbreitet sich zunehmend they als geschlechtsneutrales Pronomen. Im Deutschen sind zwar verschiedene sogenannte Neopronomen, wie ens, sier, dey, xier und andere, im Gespräch, bislang zeichnet sich jedoch nicht ab, dass eines dieser Neopronomen im Alltag so angekommen ist, dass es allgemein bekannt und akzeptiert wäre. Zwar sind in einzelnen gesellschaftlichen Kontexten und insbesondere in der queeren Community inzwischen viele Menschen an den Gebrauch von Neopronomen gewöhnt. In weiten Teilen der Gesellschaft sind Neopronomen jedoch noch unbekannt. Für die meisten Menschen sind sie ungewohnt, wirken fremd oder gar befremdlich.

DIE ENTSCHEIDUNG FÜR EINE STIMMIGE ANSPRACHE

Welches Pronomen für eine Person stimmig ist, kann nur sie selbst entscheiden. Manche empfinden ein bestimmtes (Neo-)Pronomen als passend, andere fühlen sich weder mit sie oder er noch mit Neopronomen wohl und wollen, dass keine Pronomen, sondern nur ihr Name benutzt wird.

»Ich finde es am besten, wenn nur mein Name genommen wird. Für mich passen Neopronomen nicht. Ich fühle mich nicht wohl damit. … Aber ich freue mich, wenn andere das machen, weil es zu mehr Sichtbarkeit führt.« (Tina)

Die Entscheidung, welches Pronomen bzw. welche Ansprache andere Menschen für mich verwenden sollen, hängt ebenso von meiner Selbstwahrnehmung und Standortbestimmung ab, wie von den Kontexten, in denen ich mich bewege. Diese Entscheidung kann auch im Laufe der Zeit variieren. Die Tatsache, dass es die Mitmenschen sind, die den Wunsch respektieren und die korrekte Ansprache umsetzen müssen, kann dabei kaum außer Acht gelassen werden und spielt beim Entscheiden zumindest im Hinterkopf eine Rolle.

Eine Kompromisslösung wird von manchen darin gesehen, statt eines Neopronomens die geläufigen Pronomen sie und er zu benutzen, und auf anderem Wege zum Ausdruck zu bringen, dass sie nicht binär leben. Das kann dadurch geschehen, dass die Pronomen sie und er abwechselnd zum Zuge kommen. Eine weitere Möglichkeit liegt darin, eine Diskrepanz zwischen Pronomen und äußerem Erscheinungsbild herzustellen. Bei einem als »weiblich« gelesenen Äußeren wird dann das Pronomen er, bei einem »männlich« gelesenen Aussehen das Pronomen sie verwendet.

»Ich habe Angst, die Leute zu überfordern mit Neopronomen. … In den Kreisen, in denen ich mich bewege, wird das Pronomen ›er‹ akzeptiert. … Es ist ein Kompromiss. Es fühlt sich besser an als ›sie‹.« (Mark)

»Bezüglich der Pronomen bin ich traurig, dass ich nicht mehr in den USA bin. Hier ist alles doof und ich habe keine Idee, wie ich das lösen könnte. Momentan ist es mir am liebsten, wenn ich mal so und mal so angesprochen werde, so wie ich vom Phänotyp her erscheine. Das ist aber eine Notlösung. Im Englischen finde ich they gut.« (Mandy)

SONDERROLLE, OUTING UND ANDERE HINDERNISSE

Schon die Frage, wie und ob der Wunsch nach einem korrekten Umgang mit Pronomen an die Mitmenschen herangetragen werden kann, stellt ein erstes Hindernis dar. Denn bislang ist es in vielen Bereichen der Gesellschaft noch üblich, jeder Person auf der Grundlage des äußeren Erscheinungsbilds wie selbstverständlich eines der Pronomen er oder sie zuzuschreiben. Werde ich als nicht binäre Person dadurch misgendert, so stehe ich vor einem Dilemma. Entweder ich schweige, lasse es zu, misgendert zu werden, und ertrage, dass ich nicht als die Person angesehen werde, die ich bin.

»Meine Familie benutzt meinen neuen Namen. Keine Pronomen zu verwenden, das habe ich noch nie von ihnen verlangt. Die sehen mich nicht als die Person an, die ich bin.« (Charly)

Oder ich äußere, dass ich durch den Gebrauch falscher Pronomen misgendert werde und bringe mich damit in eine Sonderrolle. Denn solange es nicht für alle Menschen üblich ist, anzugeben, mit welchem Pronomen sie angesprochen werden möchten, sind nicht binäre Personen oftmals die Einzigen, die den Gebrauch von Pronomen zum Thema machen.

»Ich möchte am liebsten einfach mit meinem Namen angesprochen werden. Aber das ist halt super schwer. ... Ich bin oft alleine mit dem Thema und das macht es anstrengend, es ist für mich immer die Frage: ›Was kann ich eigentlich erwarten von anderen?‹.« (Nele)

Die Entscheidung, für einen stimmigen Gebrauch von Pronomen einzustehen oder nicht, hängt von vielen Faktoren ab. Da eine entsprechende Bitte oder Forderung in aller Regel damit verbunden ist, als nicht binär geoutet zu werden, verbietet es sich von selbst, sie in einem Bereich zu äußern, in dem ich mich nicht outen kann oder will. Aber auch dann, wenn bekannt ist, dass ich nicht binär lebe, hängt die Entscheidung davon ab:

* wie sicher ich mich in dem jeweiligen Kontext fühle,
* welche Reaktionen ich erwarte,
* wie viel Kraft ich gegebenenfalls für Erklärungen und Diskussionen aufzubringen bereit bin,
* und wie hoch ich die Wahrscheinlichkeit einschätze, dass der Bitte um eine korrekte Ansprache nachgekommen wird.

Ist die Angst zu groß, dass Irritationen auftauchen, wichtige Themen im Gespräch darunter leiden, die Mitmenschen überfordert sind oder es sogar ablehnen, ihre gewohnten Sprachmuster zu verändern, so bleibt nichts anderes übrig, als das Misgendern durch falsche Pronomen in Kauf zu nehmen.

»Ich möchte nicht mit sie- oder er-Pronomen angesprochen werden. Aber ich habe auch keine Lust, das jetzt irgendwie durchzusetzen. Ich habe keine Lust, diese Gespräche zu führen, und dass Leute dann immer peinlich berührt über einen sprechen und es zu kompliziert finden. Oder so ganz komische Satzkonstruktionen machen.« (Lenn)

»Ich möchte es Menschen auch nicht zu kompliziert machen. Ich habe Angst, dass je mehr eigene Wünsche ich formuliere, die nur in Teilen vorhandene Toleranz in eine Abwehrhaltung umschlägt.« (Mare)

»Ich könnte mir vorstellen, Neopronomen zu nutzen, wenn die mehr im Alltag angekommen sind. Aber ich möchte auch nicht, dass andere Leute unangenehme Fragen über mich gestellt bekommen, wenn ich gar nicht dabei bin. Also wenn sie Neopronomen nutzen und über mich sprechen, möchte ich, dass sie über das sprechen, worum es geht und nicht über die Pronomen. Ich will nicht, dass andere Leute da viele Irritationen mit haben.« (Mark)

Der Versuch, die Mitmenschen langsam an Neopronomen heranzuführen, indem ich sie als zusätzliche Alternative zum gewohnten er oder sie anbiete, scheitert meistens. Er führt in aller Regel dazu, dass ausschließlich das gewohnte binäre Pronomen benutzt wird.

»Wenn nach Pronomen gefragt wird, sage ich fast immer »er oder they«. Die meisten Menschen verwenden dann nur das binäre Pronomen. Viele machen sich auch gar keine Gedanken, was dahinter stecken könnte, was das dann bedeutet.« (Mare)

SPRACHE ALS AUSDRUCK VON RESPEKT ODER MITTEL DER GEWALT

Solange im Deutschen Neopronomen noch nicht selbstverständlich sind oder sich wie im Schwedischen ein allgemein akzeptiertes genderneutrales Pronomen für die dritte Person im Singular durchgesetzt hat, zeichnet sich für den deutschsprachigen Bereich noch kein Umgang mit diesen Pronomen ab, der allen gerecht wird und für alle zufriedenstellend wäre. Für die einzelne Person ist es jedoch von großer Bedeutung, dass sie als nicht binärer Mensch dadurch anerkannt und respektiert wird, dass der für sie stimmige oder als Kompromiss gewählte Weg Achtung erfährt. Dabei kommt es nicht darauf an, dass den Mitmenschen beim Gebrauch der Pronomen keine Fehler unterlaufen. Was vielmehr zählt, ist der Wille und das Bemühen, die eigene Sprache und eingeschliffene Gewohnheiten zu reflektieren, falsche geschlechtliche Zuweisungen zu vermeiden und neue Gewohnheiten zu entwickeln.

»Ich möchte, dass über mich nicht als »sie« oder »er« gesprochen wird. Ich werde nicht sauer, wenn andere es nicht beachten, aber ich bin irritiert. Es wirkt im Untergrund immer nach und ich bin oft traurig zu merken, wie wenig das beachtet wird.« (Nele)

»Wenn eine Person mal das falsche Pronomen benutzt, weil sie nicht viele nicht binäre Menschen kennt und es einfach nicht so gewohnt ist, ja, dann stört mich das zwar, aber es ist kein großes Ding. Wenn sich aber jemand weigert und einfach nicht bereit ist, sich mal einen Gedanken dazu zu machen, wie das für mich ist – also durch so eine Weigerung fühle ich mich missachtet.« (Ka)

Ob Mitmenschen eine korrekte Ansprache benutzen, beziehungsweise sich ernsthaft bemühen, es zu tun oder ob sie die Bitte nach dem passenden Gebrauch von Pronomen ignorieren, macht für die angesprochene Person einen entscheidenden Unterschied. Eine korrekte Ansprache ist Ausdruck des Respekts und der Anerkennung. Die Bitte nach passenden Pronomen zu übergehen, zeugt dagegen von Ignoranz und Abwertung. Das ist nicht nur respektlos und diskriminierend, sondern eine Form verbaler Gewalt.

»ES BRAUCHT SEHR VIEL ENERGIE FÜR MICH, SO DAGEGENZUHALTEN«

SELBSTSICHERHEIT DURCH ANERKENNUNG, AUSTAUSCH UND VERNETZUNG

SELBSTBEWUSSTSEIN BEDARF DER ANERKENNUNG DURCH ANDERE

Warum ist es so schwer, es nicht so ernst zu nehmen und einfach an mir abperlen zu lassen, wenn mir sprachlich fälschlicherweise ein binäres Geschlecht zugewiesen wird? Warum kommt der Sprache eine so große Bedeutung zu? Eine Antwort auf diese Frage findet sich in den Arbeiten des Philosophen Steffen Herrmann, die sich damit beschäftigen, warum verbale Gewalt eine so große zerstörerische Wirkung entfalten kann. In einem Beitrag von 2015 legt Herrmann dar, dass der Grund hierfür darin liegt, dass wir als Menschen für unser Selbstbewusstsein auf die Anerkennung von anderen elementar angewiesen sind: »Kurz gesagt: Erst durch die Anerkennung von Anderen vermag ein Subjekt Gewissheit davon zu erlangen, ob das Bild, das es sich von sich macht, [...] zutrifft« (S. 86). Selbstgewissheit und Anerkennung sind untrennbar miteinander verbunden, sie stellen sozusagen zwei Seiten derselben Medaille dar. Bleibt die Anerkennung von anderen aus, so werden Selbstgewissheit und Selbstbewusstsein unweigerlich angegriffen oder gar zerstört. Verbale Gewalt zielt in diesem Sinne auf den Kern eines Menschen ab. Sie kann nicht einfach ignoriert oder aus den Kleidern geschüttelt werden.

Wie im letzten Kapitel aufgezeigt wurde, ist bewusstes Misgendern eine Form verbaler Gewalt. Wenn Menschen einer nicht binären Person gegenüber trotz besseren Wissens konsequent die falsche Ansprache und den falschen Namen benutzen oder eine genderneutrale Ansprache offen ablehnen, so verweigern sie ihr damit die Anerkennung als nicht binärer Mensch. Bewusstes Misgendern greift somit unweigerlich ihre Selbstgewissheit und ihr Selbstverständnis als nicht binäre Person an. Es kostet Kraft und raubt Energie diesen Angriff innerlich abzuwehren, die Verunsicherung aufzufangen und sich zu stabilisieren. Werde ich wiederholt bewusst misgendert, so stellt dies eine nicht zu unterschätzende Belastung dar.

Aber auch dann, wenn es ›nicht böse gemeint‹ ist und aus Unwissenheit oder aus Versehen geschieht, wirkt jedes Misgendern doch wie ein Nadelstich, der die Existenz als nicht binärer Mensch in Frage stellt. Ein Nadelstich kommt zum anderen und in der Summe kann auch die kumulative Wirkung nur schwer zu verarbeiten sein.

VERUNSICHERUNG ALS FOLGE WIEDERKEHRENDER INFRAGESTELLUNGEN

Wie stark das Selbstverständnis als nicht binär dabei verunsichert wird, hängt davon ab, an welchem Punkt der inneren Entwicklung eine Person sich befindet und wie bedeutsam die Beziehungen sind, von denen das Misgendern ausgeht. Sind es wichtige Bezugspersonen, die mich als nicht binäre Person in Frage stellen, so wiegt das besonders schwer und es kann sehr viel Energie brauchen, nach einer solchen Erfahrung die eigene Mitte wiederzufinden.

»Momentan fühle ich mich sicher. Aber wenn ich zum Beispiel bei meinem Vater zu Besuch war, so brauche ich danach wieder drei Tage, wo ich erst einmal wieder Energie tanken muss. Wenn das Umfeld sehr binär denkt, dann braucht es sehr viel Energie für mich, da so dagegenzuhalten.« (Tim)

»Bei Menschen, wo ich Sensibilität erwarte, wo ich sozusagen verletzungsoffen bin, da ist es der Horror. Das ist dann sowohl körperlich, also dass es mir körperlichen Schmerz macht, als auch psychisch. Also da ist es so, dass ich ganz oft rausgehe aus so einer Situation und denke: ›Vielleicht haben die anderen auch Recht und ich

bin doch eine Frau‹. ›Vielleicht bilde ich mir das nur ein oder möchte das nur so‹.« (Tina)

»Ich war wegen eines Burn-outs in Psychotherapie. … Obwohl der Therapeut selbst queer war, hat er mich falsch angeredet. Am Anfang hat mich das dann voll aus der Bahn geworfen. Da war ich dann nachmittags nach so einer Therapiesitzung voll fertig. Aber ich habe es ihm dann erklärt und er hat es auch angenommen und ich habe das Gefühl, dass es fast therapeutisch für mich war, für mich selbst noch einmal klarer zu werden. Das zu erklären und Worte finden zu müssen. Und seitdem bin ich irgendwie so, ja, es kann mir niemand mehr was.« (Tim)

Selbstsicherheit und Selbstbewusstsein als nicht binärer Mensch aufrechtzuerhalten, stellt angesichts immer wiederkehrender Erfahrungen von Misgendert-Werden eine beständige Aufgabe dar. Wie viel Energie diese Aufgabe in Anspruch nimmt, hängt davon ab, wie viele stärkende Erfahrungen ihr gegenüberstehen.

»Abgesehen von meiner Familie ist es so: Je enger die Personen zu mir stehen, desto unterstützender sind sie auch. Das hilft mir extrem viel. Ich habe das Gefühl, dass ich da voll Glück habe.« (Quin)

»Mein engster Freundeskreis ist wichtig, weil es ein Umfeld ist, wo Nichtbinarität als selbstverständlich hingenommen wird. Das unterstützt mich sehr.« (Bea)

VERNETZUNG UND AUSTAUSCH ALS STÄRKENDE RESSOURCE

Vernetzung und Austausch mit anderen nicht binären Menschen stellen eine große Ressource dar, um sich gegenseitig zu stärken, sich der eigenen Existenz zu versichern, Informationen auszutauschen und auch Zweifel und Verunsicherungen in einem sicheren Umfeld zulassen zu können.

»Was ich sehr wertvoll finde, ist der Austausch mit anderen nicht binären Menschen, den habe ich nämlich wenig. ... Wenn ich mit anderen Menschen über nicht binäre Themen spreche, dann ist klar, das ist nicht deren Lebensrealität. Sie hören dir zu und verstehen dich auch. Aber es ist anders.« (Mika)

»Was mir hilft, sind vor allen Dingen Gespräche, in denen ich unsicher sein kann, in denen ich zweifeln kann und in denen ich nicht, wie zum

Beispiel bei meinen Eltern oder cis-Freunden, so total sicher in allem sein muss und in so einer erklärenden Rolle bin, sondern wo ich auch einfach sitzen kann und sagen kann: ›Boa, keine Ahnung, wie ich auf der Arbeit angesprochen werden möchte und welche Pronomen jetzt passen‹ … und so dieses Zweifeln-Dürfen zwischendurch.« (Quin)

»Mir hilft der Austausch mit anderen nicht binären Personen und dadurch zu merken, nicht allein zu sein. Mir hilft es auch, über meine Erfahrungen zu sprechen und da zu sein, ohne dass das bewertet wird.« (Charly)

»Ich brauche queere Räume, wo sich gegenseitig gefragt wird und Situationen aus mehreren Perspektiven gesehen werden.« (Moo)

Je mehr Möglichkeiten zur Verfügung stehen, sich über nicht binäres Leben zu informieren und sich mit anderen auszutauschen, je mehr ich als nicht binärer Mensch im bisherigen Leben anerkannt wurde und je sicherer die Kontexte sind, in denen ich mich aktuell bewege, desto einfacher ist es, den Infragestellungen etwas entgegenzusetzen und desto gelassener kann ich Misgendern innerlich zurückweisen.

»Früher hat mich das verunsichert, war ein Gefühl von ›Gibt es das?‹ oder ›Stelle ich mich dabei an?‹. Aber ich habe in letzter Zeit stärkende Erfahrungen gemacht und daher weniger das Gefühl, mich in meiner Existenz oder dem Recht dazu zu hinterfragen … Ich erlaube mir das, und ich erlaube mir, diesen Raum einnehmen zu wollen, und ich darf mir diesen Raum nehmen.« (Quin)

»Mit 20/30 war ich verunsichert, weil ich keine Infos hatte. … Es beeindruckt mich heute nicht mehr, weil ich angekommen bin. Ich weiß genau, wann es stimmig ist für mich. Da bereitet sich so ein Wohlgefühl in meinem Körper aus. Das sagt: Ja, das ist richtig jetzt. Und genauso bereitet sich ein Unwohlsein aus, das sagt: Das ist jetzt total daneben. Da ist irgendwo so eine Ordnungsfähigkeit in mir drin, mit der bin ich so richtig im Reinen. Ich habe ein unwahrscheinliches Zutrauen zu dem, dass das Leben richtig ist.« (Mandy)

»Wenn ich als Frau angesprochen werde, so verunsichert mich das nicht in meiner Nichtbinarität. Ich denke dann nur: ›Es stimmt nicht, was du da sagst‹.« (Mika)

Die Möglichkeiten, sich mit anderen nicht binären Menschen auszutauschen, Informationen über nicht binäres Leben zu erhalten, nicht binären Menschen in der Literatur, in der Kunst und im alltäglichen Leben zu begegnen, haben sich in den letzten Jahren vergrößert. Angesichts der Bedeutung, die Austausch und Vernetzung für das Wohlbefinden haben und wie wichtig sie sind, um verunsichernde und diskriminierende Erfahrungen zu verarbeiten, sind diese Möglichkeiten bei weitem noch nicht ausreichend. Vereinzelt haben queere Beratungsstellen und private Initiativen damit begonnen, Gruppenangebote, Treffpunkte, Stammtische, Podiumsdiskussionen oder andere Formen des Zusammenkommens zu organisieren. Die Anliegen nicht binärer Menschen finden in den Strukturen der queeren Community mehr und mehr ihren Platz. Es ist ein großer Gewinn für nicht binäre Menschen, wenn diese Entwicklung sich weiter fortsetzt. Der Wunsch nach mehr Vernetzung und Austausch wurde von allen Interviewten als eines der wichtigsten Anliegen benannt.

»ICH WILL IN DIESER GESELLSCHAFT EXISTENT SEIN – AUCH AMTLICH«

RECHTLICHE ANERKENNUNG

DIE »DRITTE OPTION« UND DAS SELBSTBESTIMMUNGSRECHT

Bis zum Jahre 2018 schlug sich die Selbstverständlichkeit von genau zwei Geschlechtern Mann und Frau auch amtlich nieder. Im Personenstandsregister waren als positiver Geschlechtseintrag nur die Optionen »weiblich« und »männlich« vorgesehen. Es bedurfte einer Klage beim Bundesverfassungsgericht, die von einer Kampagne mit dem Namen *Dritte Option* mit Aufklärungs- und Öffentlichkeitsaktionen begleitet wurde, um auch von Amts wegen sichtbar werden zu lassen, dass mehr als zwei Geschlechter existieren. Seither gibt es im deutschen Personenstandsrecht den dritten Geschlechtseintrag »divers«. Konnten sich zunächst ausschließlich intergeschlechtliche Menschen als divers eintragen lassen, so steht das mit Inkrafttreten des Selbstbestimmungsgesetzes 2024 auch nicht binären Menschen offen. Sie haben die

Option, den für sie falschen Eintrag »männlich« bzw. »weiblich« zu korrigieren, indem sie entweder den Eintrag »divers« wählen oder ihren Geschlechtseintrag gänzlich streichen lassen.

DIE BEDEUTUNG AMTLICHER ANERKENNUNG

Die Möglichkeit selbstbestimmt einen Geschlechtseintrag zu bekommen, der die falsche Kategorisierung als Mann oder als Frau korrigiert, ist für nicht binäre Menschen von großem ideellem und praktischem Wert. Die amtliche Anerkennung von mehr als zwei Geschlechtern stärkt die Selbstgewissheit und kann ein gewisses Gegengewicht gegen belastende Diskriminierungen und Verunsicherungen darstellen. Denn der amtliche Eintrag bezeugt schwarz auf weiß, was im Alltag immer wieder in Frage gestellt wird: die Existenz als nicht binärer Mensch.

»Ich will unbedingt diesen Eintrag »weiblich« aus meinem Pass raushaben. Ich brauche das. Ich brauche diese Legitimation, um einfach für mich zu wissen: Ich bin existent. Ich bin rechtlich existent. Ich bin offiziell existent in dieser Gesellschaft. Ich bin da! Und das ist so schön. Wenn ich den neuen Ausweis habe, werde ich den ganzen Tag vor diesem Ausweis sitzen und mir diesen nicht vorhandenen Geschlechtseintrag angucken.« (Tina)

Neben der amtlichen Bestätigung und Anerkennung nicht binärer Existenz ist es überdies aus ganz praktischen Gründen sehr wichtig, den Personenstand anzupassen. Insbesondere ein neuer, selbstgewählter Name kann in der Regel erst durch die Personenstandsanpassung offiziell werden und den abgelegten Namen in allen Dokumenten ersetzen. Solange der abgelegte Name und ggf. ein falscher Geschlechtseintrag in den Ausweispapieren, im Personalausweis, auf der Gesundheitskarte oder der Kreditkarte stehen, kann es im Alltag immer wieder zu belastenden Situationen kommen. Werde ich aufgrund meines äußeren Erscheinungsbilds beispielsweise als Mann gelesen, so kann ein Ausweis mit einem weiblichen Vornamen nicht nur bei Polizeikontrollen oder am Flughafen für Komplikationen sorgen. Schon die auf den weiblichen Namen ausgestellte Kreditkarte kann peinliche Diskussionen an der Supermarktkasse auslösen und das an den selbstgewählten Namen adressierte Paket lässt sich nicht abholen, da der Vorname im Personalausweis nicht mit dem Namen auf dem Paket übereinstimmt.

»Ich versuche möglichst bar zu bezahlen im Supermarkt. Meistens gucken sie an der Kasse ja gar nicht richtig drauf auf die Karte. Aber wenn sie dann doch gucken ... Mir wurde schon vor allen Leuten unterstellt, ich würde mit einer geklauten Karte bezahlen. Das war echt krass, total peinlich.« (Leon)

»DIVERS« ODER KEIN EINTRAG?

Neben der Wahl der Geschlechtsbezeichnung »divers« gibt es die Möglichkeit, den Geschlechtseintrag offenzulassen, also kein Geschlecht ins Personenstandsregister eintragen zu lassen. Die Entscheidung darüber, ob ich »divers« wähle oder mich für die Option »kein Eintrag« entscheide, hängt wesentlich von meinem Selbstverständnis als nicht binär ab. Für die einen ist »divers« eine Kategorie, in der sie sich mit ihrem Selbstverständnis wiederfinden und sie sind glücklich, sich dieser Kategorie jenseits von »männlich« und »weiblich« zuordnen zu können. Viele Menschen, die sich als nicht binär begreifen, hadern jedoch mit dem Begriff »divers«, den sie eher als ausgrenzend denn als inklusiv empfinden. Obwohl sie ihn ablehnen, geben sie dem Eintrag »divers« dennoch dann den Vorrang, wenn gar kein Eintrag ihrem Selbstverständnis noch weniger entspricht.

Lehnt eine Person Geschlechterkategorien grundsätzlich für sich ab, so liegt es nahe, dass kein Eintrag ihrem Selbstverständnis als nicht binär am nächsten kommt. Doch auch in diesem Fall kann »divers« die bessere Wahl sein. Das ist zum Beispiel dann der Fall, wenn die Vorstellung, einen fehlenden Eintrag im Alltag erklären und rechtfertigen zu müssen, Ängste vor Überforderung und Abwehr hervorruft. Diese können so massiv sein, dass die Belastung größer erscheint als der Gewinn, der mit einem stimmigen Eintrag verbunden ist.

»Mir wäre kein Eintrag lieber, aber die Vorstellung ich stehe in der Bank und die fragen nach dem Geschlecht und ich sage ›gar keins‹. Das ist dann vermutlich komisch. Ich habe das Gefühl, in dieser Gesellschaft irgendetwas vorweisen zu müssen, ein Wort. Und dann nehme ich lieber divers als zu erklären, ich habe mein Geschlecht streichen lassen.« (Leon)

BENACHTEILIGUNGEN IM ABSTAMMUNGSRECHT

Die rechtliche Gleichstellung nicht binärer Menschen ist mit den Änderungen des Personenstandsrechts sowie der Einführung des Selbstbestimmungsgesetzes noch nicht erreicht. Dies betrifft zum einen das Selbstbestimmungsgesetz selbst. Hier bleiben manche Personengruppen ausgeschlossen, weil die Änderung des Personenstands an Bedingungen, wie beispielsweise den Aufenthaltsstatus einer Person geknüpft wurde.

Darüber hinaus verlangt rechtliche Gleichstellung vor allem nach Änderungen im Abstammungsrecht. Hier sind nicht binäre Eltern(teile) gegenüber heterosexuellen Paaren nach wie vor benachteiligt. Wird ein Kind in einer heterosexuellen Verbindung von der Frau geboren, so gelten beide automatisch als Eltern des Kindes. Hat dagegen die nichtgebärende Person den Geschlechtseintrag »weiblich«, »divers« oder keinen Eintrag, so gilt sie nicht als Elternteil. Sie ist dann vielmehr gezwungen, ihr Kind in einem oft langwierigen Verfahren als Stiefkind zu adoptieren. Solange solche Ungleichbehandlungen im Recht fortbestehen, führen sie nicht binäre Elternteile in ein Dilemma. Sie müssen sich zwischen der amtlichen Anerkennung ihres Personenstands und der amtlichen Anerkennung ihrer Elternschaft entscheiden, mit allen Konsequenzen, die sowohl die eine wie die andere Entscheidung im Alltag nach sich zieht.

»Es gibt zwar den Personenstand »divers«, aber alle Gesetze drum herum ziehen nicht nach. Ich musste unser erstes Kind als Stiefkind adoptieren, weil ich den Personenstand »weiblich« hatte. Und wenn wir jetzt ein zweites Kind bekommen, dann müsste ich auch dann, wenn mein Personenstand »divers« ist, das Kind wieder adoptieren. Das heißt, eigentlich wäre es cleverer, mich als Mann eintragen zu lassen, denn dann wäre ich sofort der Papa und müsste gar nichts machen. Und das finde ich so ungerecht. Aber wenn ich mich als Mann eintragen lassen würde, hätte ich ja wieder einen Eintrag, der eigentlich nicht zu mir passt, der nicht zu meinem Erscheinungsbild passt – mit allem Trouble, den das dann bringt.« (Charly)

GRÜNDE, AUF EINE ÄNDERUNG DES PERSONENSTANDS ZU VERZICHTEN

So bedeutsam das Recht auf Personenstandsänderung für nicht binäre Menschen ist, so schwierig kann es sein, dieses Recht auch in Anspruch zu nehmen. Selbst dann, wenn eine Person formal das Recht hierzu hat, sich dringend wünscht, offiziell als nicht binär anerkannt zu sein und der falsche Eintrag sie sehr belastet, kann es viele gute Gründe geben, sich dagegen zu entscheiden.

Die Änderung des Personenstands ist in zahlreichen Bereichen des täglichen Lebens unweigerlich mit einem Outing verbunden. Dies gilt insbesondere dann, wenn sie mit einer Änderung des Vornamens verbunden ist, und betrifft alle Bereiche, in denen amtliche Dokumente zu meiner Person eine Rolle spielen: auf der Arbeit, bei Bankgeschäften, in ärztlichen Praxen und vielem mehr. Mit der Änderung meiner Daten muss ich damit rechnen, mich Menschen gegenüber als nicht binär erklären zu müssen, mit denen ich eigentlich nicht darüber sprechen möchte: Vorgesetzte, Sprechstundenhilfen, Bankangestellte, fremde Menschen auf dem Sozial- oder Arbeitsamt, um nur einige Beispiele zu nennen.

Auch die Sorge, dass der Geschlechtseintrag divers oder ein fehlender Geschlechtseintrag im Reisepass bei Reisen in bestimmte Länder zu Problemen führen könnten, ist nicht unberechtigt. Es wurde zwar im Passgesetz vor einigen Jahren zum Schutz vor Diskriminierungen die Regelung eingeführt, dass nicht binäre Personen einen Reisepass beantragen können, der eine der beiden Angaben »männlich« oder »weiblich« enthält. Diese Regelung ist aber an die Voraussetzung gebunden, dass eine Person mit einer ärztlichen Bescheinigung nachweist, dass bei ihr eine sogenannte

›Variante der Geschlechtsentwicklung‹ vorliegt. Personen, die ohne eine solche ärztliche Bescheinigung auf der Grundlage des Selbstbestimmungsgesetzes eine Personenstandsänderung vornehmen, können einen solchen Reisepass nicht beantragen.

All das kann so schwer wiegen, dass das Bedürfnis nach einem passenden Geschlechtseintrag hinter den damit verbundenen Bedenken zurückgestellt werden muss und eine rechtliche Absicherung verhindert wird.

»Ich würde auf jeden Fall gerne meinen Namen offiziell ändern und »divers« eintragen lassen. Doch ich fürchte den ganzen Erklärungsaufwand bei den ganzen Änderungen, die dann überall stattfinden müssten, auf der Bank, auf der Arbeit und so weiter. Es ist ja dann überall auch ein Outing. Ich stelle mir das mega anstrengend vor. Ich weiß noch nicht, ob ich das will, vielleicht auch weil ich dann immer diesen Rechtfertigungsmodus erwarte.« (Tea)

»Ich gehe schwanger mit der Idee, meinen Personenstand zu ändern. Aber das wäre dann automatisch ein Outing auf der Arbeit. Und, ja das geht irgendwie nicht, das schaffe ich nicht.« (Mandy)

»Ich habe mir sehr viele Gedanken über die Konsequenzen gemacht, wenn ich im Personenstand divers oder kein Geschlecht eintragen lasse. Unter anderem war der Aspekt Reisen so ein Punkt, weil ich das gerne mache. Wenn du dann einen Geschlechtseintrag hast, den es in bestimmten Ländern überhaupt nicht gibt, dann hast du Probleme. Und in unserer Gesellschaft hat sich divers auch noch lange nicht so etabliert, dass es als normal angesehen würde. Ich möchte aber nicht immer auffallen und nicht immer etwas Besonderes sein. Ich habe mich gefragt, ob ich die Kraft dafür habe. Das war ein langer und großer Kampf mit mir selber. Am Ende bin ich dann tatsächlich für mich zu dem Ergebnis gekommen, dass ich es mir da einfach mache, dass ich die binäre Option nehme. Ich würde mir in einer idealen und utopischen Welt so vieles anders wünschen. Aber ich hab nun mal nur die, in die ich geboren wurde.« (Mare)

Die Entscheidung für oder gegen eine Personenstandsänderung hängt in hohem Maße von den Umständen und Bedingungen ab, unter denen ich lebe. Die Belastungen und Risiken, die mit einem nicht passenden Personenstand verbunden sind, müssen abgewogen werden gegen die Belastungen und Risiken, die ein Outing mit sich bringt. Gerade dann, wenn ich über die Frage des Geschlechts hinaus zu weiteren gesellschaftlich benachteiligten und diskriminierten Gruppen gehöre, ist diese Entscheidung nicht leicht zu treffen. Wenn es beispielsweise aufgrund von Rassifizierung oder Behinderung ohnehin schon schwierig ist, eine Wohnung zu finden, kann sowohl ein Outing als auch ein nicht passender Personenstand die Situation noch deutlich verschlechtern.

So wichtig ein passender Personenstand ist, er bleibt für zahlreiche nicht binäre Menschen heute noch unerreichbar, obwohl die rechtlichen Bedingungen im Personenstandsgesetz dafür gegeben sind. Erst wenn nicht binär zu leben, in der Gesellschaft als Selbstverständlichkeit anerkannt ist, keine Nachteile bei einem Outing als nicht binär befürchtet werden müssen und die rechtliche Gleichstellung in allen relevanten Gesetzen verankert ist, wird es allen nicht binären Menschen möglich sein, von ihrem Recht auf einen passenden Personenstand Gebrauch zu machen und damit auch offiziell die Anerkennung als nicht binärer Mensch zu erfahren.

JESSE

(25 JAHRE)

Seit ich zurückdenken kann, habe ich davon geträumt, die Welt zu erkunden und frei zu sein. Wenn ich nicht auf dem Sportplatz oder im Musikstudio aktiv war, saß ich vor meinem alten Laptop und surfte durch die Welt. Ich wollte raus in die große weite Welt und weg aus der Enge der Provinz. Sobald ich volljährig war und mein Abitur in der Tasche hatte, machte ich mich auf den Weg. Seither sind mehr als fünf Jahre vergangen und der einzige Mensch, den ich aus meinem Heimatdorf vermisse, ist meine Mutter. Sie hat mich immer unterstützt, hat mir immer meine Freiheiten gelassen und nie versucht, mich in irgendeine Rolle zu zwängen. Als ich Kind war, hat sie kein einziges Mal probiert, mir irgendwelche Hobbys oder Interessen zu verbieten oder mir bestimmtes Spielzeug aufzudrängen. Das Thema Geschlecht war bis zur Pubertät nie wirklich ein Thema für mich und ich bin meiner Mutter sehr dankbar dafür, dass das so war. Da hatte ich großes Glück, denn ich glaube, dass ich ansonsten schon früher gemerkt hätte, dass da irgendetwas nicht passt. So aber habe ich mich als Kind eigentlich sehr wohl gefühlt. Auch in die Grundschule bin ich gerne gegangen. Ich habe schon in der dritten Klasse mit großem Eifer Englisch gelernt. Das, so war mir klar, würde ich schließlich brauchen in der großen weiten Welt.

Mit dem Wechsel zur Realschule begannen die Probleme. Es war eine katholische Mädchenrealschule. Ich bin auf diese Schule gekommen, weil das in dem Ort, wo wir wohnten, so üblich war für Mädchen. Alle Töchter, beziehungsweise alle weiblich Gelesenen sind auf diese Schule geschickt worden. Meine Mutter sah in der Mädchenschule außerdem so etwas wie ein behütetes Umfeld. Sie hat es sicher gut gemeint, und obwohl ich selbst lieber auf eine andere Schule gegangen wäre, habe ich mich nicht sehr gegen ihren Vorschlag gesträubt. Am Anfang, in der 5. und

6. Klasse, war es auch noch einigermaßen okay. Aber ungefähr ab der 7. Klasse, da wurde dann die Schulzeit ziemlich schlimm. Ich habe mich in dieser Schule einfach fehl am Platz gefühlt. Das ganze Klima dort hat für mich nicht gepasst. Auf einmal schien es extrem wichtig zu sein, dass wir Mädchen waren. Jedenfalls wurde das nun immer wieder betont. Ich konnte nicht viel damit anfangen, Mädchen zu sein. Ich fühlte mich davon nicht angesprochen, doch meine Mitschülerinnen schienen mit ihrem Mädchen-Sein im Einklang zu sein. Zum Beispiel fragte an einem Montag mal eine Lehrerin uns: »Was habt ihr denn am Wochenende gemacht? Ihr seid ja Mädels, da geht ihr doch bestimmt alle gerne shoppen.« Ich konnte meinen Mund nicht halten und habe gesagt: »Nee, das ist alles nicht so mein Ding«. Und dann hat irgendeine aus der Klasse gesagt: »Ja, das sieht man.« So gab es viele Situationen, wo die anderen gemerkt haben, dass ich mich nicht zugehörig fühle und wo sie mich dann ihrerseits ausgegrenzt haben. Mir schlug immer größere Ablehnung entgegen und ich wurde mehr und mehr zur Außenseiter*in. Beispielsweise musste ich mit anderen aus meinem Ort eine relativ lange Strecke mit dem Zug heimfahren, etwa eine dreiviertel Stunde dauerte das. Die anderen vier oder fünf Mitschülerinnen sind immer als Gruppe zusammen heimgefahren. Sie wussten, dass ich den gleichen Weg hatte, aber sie haben mich ausgeschlossen und immer sehr deutlich gemacht, dass sie auf keinen Fall etwas mit mir zu tun haben wollten. Es gab unter den Mitschülerinnen oder den Lehrkräften niemanden, mit dem ich hätte darüber reden können, wie schlecht es mir damit ging. Auch meine Mutter wollte ich nicht mit meinen Sorgen belasten. Ich schwänzte die Schule immer häufiger, gab vor krank zu sein und zog mich zuhause in mich und meine Traumwelten zurück. Ich weiß nicht, wohin das noch geführt hätte, wenn wir nicht umgezogen wären. Anfang

2013 heiratete meine Mutter noch einmal und wir zogen zu meinem Stiefvater in einen weiter entfernten Ort.

In der neuen Schule wurde ich gut aufgenommen. Es gab einen Schlagzeugraum, in dem sich die Musikfreaks trafen, und hier fand ich direkt Anschluss. Es war eine gemischte Gruppe, hauptsächlich Jungen und ein paar Mädchen. Das spielte aber keine große Rolle und mich haben sie so genommen, wie ich war. Es war auch ein Mädchen aus meiner Klasse dabei, mit der ich mich angefreundet habe. In unserer Klasse galten wir als etwas komische Freaks. Aber das war uns egal. Nur der Sportunterricht war für mich eine Qual. Wir wurden in Mädchen und Jungen eingeteilt. Ich musste zu den Mädchen und wie zuvor an der Mädchenschule fühlte ich mich unpassend, falsch und allein.

Ich gab das Wort ›gay‹ im Internet ein. Schnell führte mich die Suche zu Begriffen wie ›trans‹ und ›queer‹. Meine Englischkenntnisse zahlten sich aus. Denn es gab vor allem englischsprachige Seiten zu diesen Themen. Ich las alles, was ich finden konnte, und folgte queeren Personen auf verschiedenen Kanälen. In meinem Umfeld war ich allein, aber draußen, in der weiten Welt des Netzes fand ich viele Menschen, die so waren wie ich. Ich gehörte zu denen, die sich als ›nonbinary‹ verstanden. Das war für mich keine Frage.

Nach der Realschule wechselte ich auf ein Wirtschaftsgymnasium. Ich wollte unbedingt das Abitur machen und studieren können. In Mathematik und den Naturwissenschaften brachte ich enorme Defizite mit, die ich in den drei Jahren am Gymnasium nie ganz aufarbeiten konnte. Aber ich habe es trotzdem geschafft. Es waren wieder meine Englischnoten, mit denen ich meine Defizite ausgleichen konnte und die mich so gerade gerettet haben.

Im Musikkurs der 11. Klasse traf ich Andreas. Wir freundeten uns an und wurden ein Paar. Zwei Jahre waren wir zusammen. Nach einem halben Jahr habe ich ihm offenbart, dass ich keine Frau bin, sondern mich als nicht binär begreife. Ihn hat das nicht gestört. Im Gegenteil, ich glaube, er hat sich gerade deswegen in mich verliebt. Ein Problem gab es nur mit seinen Eltern. Er wollte nicht, dass ich mich ihnen gegenüber oute und traute sich auch selbst nicht, ihnen zu sagen, dass seine Freundin nicht binär ist. Dabei hat seine Mutter ihm sogar eine Steilvorlage gegeben, als sie ihn fragte, ob ich eigentlich noch seine Freundin wäre. Sie spielte damit darauf an, dass sich mein Aussehen in Richtung Männlichkeit verschoben hatte. Ich hatte kurze Haare, versuchte meine Brüste, so gut es ging, zu verbergen und trug meist Hosen und ein Jackett. Irgendwann habe ich mich geweigert, mit ihm zu seinen Eltern zu fahren, solange ich da weiter die Frau spielen musste. Ein halbes Jahr vor dem Abitur haben wir uns dann getrennt. Es gab dafür eine ganze Reihe von Gründen, aber dass er es nicht schaffte, bei seinen Eltern zu mir zu stehen, war einer davon.

Mit meinen Mitschüler*innen bin ich auf dem Gymnasium im Großen und Ganzen ganz gut ausgekommen. Ich habe es vermieden, mich als nicht binär zu outen, und da ich mit Andreas zusammen war, galt ich als hetero. Vermutlich hätten sie mich sonst für lesbisch gehalten. Nach der Trennung von Andreas habe ich auf einer queeren Plattform nach Beziehungen gesucht. Und tatsächlich habe ich drei Monate vor dem Abitur Anja, eine Frau aus Amsterdam, kennengelernt und mich in sie verliebt. Ich weiß nicht wie, aber in der Schule muss das irgendjemand mitbekommen haben. Auf dem Abiball wurde ich dann zwangsgeoutet. Ich fühlte mich vor aller Augen gedemütigt. Endlich schienen alle ein Label gefunden zu haben, das sie mir anheften konnten: Ich war eine Butch, eine Lesbe. Kein Wunder, dass Andreas sich von mir getrennt hatte. Ich war so enttäuscht und gekränkt von der Missgunst und Verachtung, die sich da plötzlich entlud, dass ich alle Kontakte abgebrochen habe.

Direkt nach dem Abitur zog ich zu Anja nach Amsterdam. Die queere Szene der Großstadt tat mir gut. Endlich hatte ich das Gefühl, nicht allein zu sein und von anderen Menschen als die Person gesehen und angesprochen zu werden, die ich bin. Es war eine Befreiung, meinen alten Namen abzulegen und mich Jesse zu nennen. Da wir hauptsächlich Englisch miteinander sprachen, war auch die Frage des Pronomens einfach. In unserem Umfeld waren viele schon daran gewöhnt, they zu benutzen.

Ich wäre gerne in Amsterdam geblieben, aber hier fand ich weder einen Studienplatz noch eine Arbeit, von der ich hätte leben können. Schweren Herzens zog ich ins Ruhrgebiet und begann ein Studium der Sozialpädagogik. Fast drei Jahre lang fuhr ich fast jedes Wochenende mit dem Zug nach Amsterdam. Die Entscheidung war mir schwergefallen, erwies sich jedoch schon bald als richtig. Das Studium machte mir mehr Spaß, als ich erwartet hatte, und die Zeit an der Uni habe ich sehr genossen. Ich konnte größtenteils offen als nicht binärer Mensch leben, habe meine Examensarbeit über geschlechtliche und sexuelle Vielfalt in der Jugendarbeit geschrieben und mich sehr intensiv mit der Geschichte des Feminismus, mit der zweiten Welle der Frauenbewegung und mit aktuellen feministischen Themen auseinandergesetzt. Leider war meine Beziehung der Entfernung nicht gewachsen. Wir haben uns getrennt und sind seither nur noch freundschaftlich verbunden. Doch abgesehen davon war ich während meines Studiums so glücklich wie noch nie in meinem Leben.

Der Start ins Berufsleben konfrontierte mich wieder mit einer anderen Wirklichkeit. Schon bei meinen Bewerbungen musste ich feststellen, dass es klüger ist, alles, was darauf hinweisen könnte, dass ich nicht binär bin, zu verbergen. Seit einem knappen Jahr arbeite ich auf meiner ersten Stelle, in einem sozialen Projekt mit wohnungslosen Jugendlichen. Ich habe den anderen, die im Projekt arbeiten, zwar am Anfang gesagt, dass ich mich als nicht binär verstehe. Aber ich werde jeden Tag misgendert, werde mit meinem Deadname angesprochen und alle benutzen wie selbstverständlich das Pronomen sie. Das ist nicht angenehm. Aber ich denke, dass ich das hinnehmen muss, denn ich brauche das Geld. Ich kann da keinen Aufruhr machen, das geht nicht. Ich muss mich absichern. Ich will nicht arbeitslos oder sogar wohnungslos werden. Außerdem habe ich auf der Arbeit keine Energie dafür, immer wieder zu erklären, dass ich keine Frau bin, sondern nicht binär. Mit den Jugendlichen, die ich betreue, wäre es allein schon deswegen aufwändig, weil sie ständig wechseln. Ich kleide mich auch möglichst unauffällig, wenn ich zur Arbeit gehe. Wenn ich so aussehe, wie ich am liebsten aussehe, also so uneindeutig, dass mich die Leute nicht als Frau oder Mann lesen können, muss ich immer mit Schwierigkeiten rechnen. Ich habe es schon erlebt, dass ich, wenn ich einen Bart angeklebt hatte, eine Transhure genannt wurde. Ich bin schon als Schwuli beleidigt worden, als trans, aber auch schon als Dyke. Einmal hat jemand auf der Straße sogar mit der Faust ausgeholt, einfach nur, weil ich so aussehe, wie ich aussehe. Das zieht mich schon sehr runter dann und ich brauche ein paar Tage, mich von solchen Vorfällen zu erholen. Auf der Arbeit will ich es auf so etwas lieber gar nicht ankommen lassen. Ich werde mich aber bald nach einer anderen Arbeitsstelle umsehen. Denn auf Dauer halte ich es nicht aus, den ganzen Tag eine Person zu spielen, die ich nicht bin.

Seit der Trennung von Anja lebe ich als Single. Mit wem und in welcher Form ich in der Zukunft zusammenleben werde, weiß ich nicht. Ich lasse das auf mich zukommen. Zwar ist es so, dass ich mich eher in Frauen verliebe als in andere Menschen, aber für meine sexuelle Orientierung gebe ich mir selbst kein Label. Ich möchte am liebsten gar nicht gelabelt werden, auch nicht in Bezug auf Geschlecht. Das ist auch der Grund, warum ich mir über Körperanpassungen keine Gedanken mehr mache. Seit der Pubertät hadere ich mit meinem Körper und ab und zu habe ich überlegt, ob mir Testosteron helfen könnte, meinen Körper besser anzunehmen. Ich kann es mir finanziell nicht leisten, es selbst zu bezahlen. Ein Gutachten für die Krankenkasse, in dem ich als trans Mann gelabelt würde, lasse ich aber auf keinen Fall machen. Ich bin kein trans Mann und ich möchte das auch nicht in meiner Akte stehen haben. Deshalb habe ich den Gedanken wieder verworfen. Ich hoffe darauf, meinen Körper irgendwann so annehmen zu können, wie er ist.

Zu meiner Familie habe ich leider nicht mehr so viel Kontakt, wie ich es mir wünschen würde. Ich habe nach wie vor ein sehr gutes Verhältnis zu meiner Mutter. Manchmal treffen wir uns, aber ich scheue mich, zu ihr nachhause zu fahren. Ich gönne ihr von Herzen, dass sie noch einmal ihr Glück gefunden hat. Aber mit meinem Stiefvater war es von Anfang an sehr schwierig für mich. Er kann mit mir als queerem Menschen gar nichts anfangen und ist auch nicht bereit, sich in irgendeiner Weise damit auseinanderzusetzen. Er ignoriert meinen Wunsch, mich mit meinem richtigen Namen anzusprechen und bezeichnet mich immer wieder als Lady. Er sieht nicht ein, dass seine Sprache mich ausgrenzt und verletzt. Wie er mich nennt, ist seiner Meinung nach unerheblich. Ich müsse doch wissen, dass er nichts gegen mich habe, egal wie er mich bezeichnet. Meine Mutter steht voll auf meiner Seite. Es hat natürlich bei ihr auch etwas gedauert, aber inzwischen kann ich mich richtig gut mit ihr über meine Queerness unterhalten. Sie spricht mich immer mit meinem richtigen Namen an und gendert mich auch richtig. Wenn ich zuhause bin, geraten sie und mein Stiefvater immer wieder in Streit wegen mir. Ich will das nicht und deshalb fahre ich höchstens dann nachhause, wenn mein Stiefvater mal nicht da ist.

Es ist ohne Zweifel anstrengend, mein Leben als nicht binärer Mensch. Aber ich kann mir kein anderes Leben für mich vorstellen. Je älter ich werde, desto mehr kann ich es schätzen, dass ich dieses Leben führen darf. Nicht binär zu sein, das heißt für mich, frei zu sein. Es ist für mich eine bestimmte Art zu leben. Es bedeutet für mein Leben, mir alles einmal anzugucken und dann zu entscheiden, was sagt mir zu und was nicht. Ich habe nämlich die Kraft, mich nicht auf eine Seite beschränken zu müssen. Das gilt nicht nur in Bezug auf Geschlecht, sondern zum Beispiel auch in anderen Bereichen wie der Musik. Ich war beispielsweise bei den Metallern, habe aber zuhause dann Pop gehört. Ich hatte schon immer Spaß daran in der Lücke zu spielen. Ich möchte neugierig sein, neugierig auf das Leben. Und ich möchte mein Leben in vollen Zügen genießen.

»DEN ZWANG AUF GESCHLECHT ZU GUCKEN MAL HERGEBEN«

ANREGUNGEN FÜR EINE GESCHLECHTERINKLUSIVE PRAXIS

DIE EXISTENZ VON NICHT BINÄREN MENSCHEN ÜBERALL MITDENKEN

Im Alltag zeigt sich die Akzeptanz von nicht binären Menschen konkret darin, dass ihre Existenz auf allen Ebenen mitgedacht wird, in der Sprache, im rechtlichen Bereich, bei der Gestaltung von Toiletten und Umkleideräumen, der Teilhabe am Sport und vielem mehr.

Auf struktureller Ebene wird die Existenz nicht binärer Menschen in den letzten Jahren zunehmend berücksichtigt. In der Gesetzgebung wurde mit den jüngsten Änderungen im Personenstandsrecht ein bedeutender Schritt getan. Es ist zu hoffen, dass andere Gesetze, insbesondere das Abstammungsrecht, dem bald folgen werden und auch hier die notwendigen Anpassungen erfolgen. In zahlreichen Firmen und Bereichen des öffentlichen Lebens sind im Rahmen von Diversitäts- und Antidiskriminierungskonzepten Maßnahmen und Projekte entwickelt worden, die zur Inklusion queerer und insbesondere nicht binärer Menschen beitragen sollen. Beispielsweise existiert für den schulischen Bereich das bundesweite Netzwerk »Schule der Vielfalt«, das sich für die Akzeptanz von geschlechtlicher und sexueller Vielfalt einsetzt und dem sich Schulen anschließen können. Je mehr Menschen den Sinn und die Notwendigkeit dieser Maßnahmen begreifen und sich für eine geschlechterinklusive Gesellschaft engagieren, desto eher werden diese ihre Wirkung entfalten und dazu beitragen, dass nicht binär zu sein selbstverständlich wird. Das gilt umso mehr, wenn sich nicht nur queere Menschen selbst engagieren, sondern Geschlechterinklusion als Aufgabe aller begriffen wird.

SECHS SCHRITTE AUF DEM WEG ZU EINER GESCHLECHTERINKLUSIVEN KULTUR – TIPPS FÜR DEN ALLTAG

Über den Einsatz für Verbesserungen auf struktureller Ebene hinaus können alle Menschen in ihrem Handeln alltäglich dazu beitragen, dass geschlechtliche Vielfalt selbstverständlich mitgedacht wird. Jede einzelne Person kann sich etwa fragen, wie sie es in ihrem persönlichen und beruflichen Umfeld vermeiden kann, Menschen ungefragt ein Geschlecht zuzuweisen und damit das Risiko einzugehen, sie auszugrenzen. Meist reicht es aus, einen einfachen Grundsatz zu befolgen: »Thematisiere Geschlecht dann und nur dann, wenn es für den Zusammenhang von Bedeutung ist«.

»Ich möchte als nicht binärer Mensch nicht etwas Besonderes sein. Auch sprachlich nicht. Ich möchte, dass man Geschlecht generell aus der Sprache mehr herausdrängt, dass Geschlecht weniger betont wird in der Sprache.« (Mare)

»Ich würde mir wünschen, dass wir den Zwang auf Geschlecht zu gucken mal hergeben – ohne Probleme wie die patriarchale Unterdrückung wegzuwischen.« (Tina)

In sehr vielen Situationen, in denen Menschen in unserem Alltag gewohnheitsmäßig als Frauen oder Männer, Damen oder Herren, Mütter oder Väter betitelt oder in Jungen und Mädchen eingeteilt werden, wird das Geschlecht implizit zum Thema gemacht und den Personen ein Geschlecht zugewiesen, obwohl gar kein Grund dafür besteht. Nicht binär zu sein selbstverständlich werden zu lassen, bedeutet, diese Situationen aufzuspüren und alte Gewohnheiten so zu verändern, dass Geschlechtszuweisungen vermieden werden.

1. AUSGRENZENDE BEGRÜSSUNGSFORMELN VERMEIDEN

Bei Vorträgen, Ansprachen sowie Reden aller Art ist das Geschlecht der Angesprochenen in der Regel völlig irrelevant. Begrüßungen wie »Guten Tag«, »Guten Morgen«, »Sehr geehrte Mitglieder, liebe Gäste«, »Sehr geehrte Anwesende«, »Liebe Auszubildende« etc. schließen alle Menschen ein, unabhängig davon, ob sie sich als Mann, als Frau oder als nicht binär verstehen. Die oftmals benutzte Formulierung: »Sehr geehrte Damen und Herren« dagegen schließt nicht binäre Menschen aus. Eine andere Möglichkeit zur Inklusion aller Personen ist der Gender-Gap oder Glottisschlag. Dabei wird beim Sprechen eine kleine Pause bei der gegenderten Endung gemacht, etwa so: »Liebe Zuhörer*innen«, »Sehr geehrte Mitarbeit*erinnen«. Es gibt persönliche Vorlieben oder Abneigungen gegen die eine oder andere Form der Anrede. Wenn nur der Wille besteht, keinen Menschen auszugrenzen, lässt sich erfahrungsgemäß eine Lösung finden, die alle zufriedenstellt. Wer unbedingt daran hängt, Damen und Herren explizit zu benennen, kann beispielsweise einen Zusatz wählen. Bei »Sehr geehrte Damen und Herren, sehr geehrte Anwesende« können sich auch nicht binäre Personen angesprochen fühlen.

2. ANREDE UND PRONOMEN ERFRAGEN

Es versteht sich von selbst, dass eine Person nur dann nach ihrem Geschlecht gefragt werden sollte, wenn es hierzu einen zwingenden Grund gibt. Lassen sich Geschlechtszuweisungen jedoch nicht vermeiden, so muss jede Person die Möglichkeit haben, selbst darüber zu bestimmen, wie sie sich bezeichnen und wie sie angesprochen werden will. Das bedeutet insbesondere, andere Menschen nicht als Herr Meyer oder Frau Müller anzusprechen, solange das Gegenüber sich nicht selbst als Mann oder Frau geoutet hat. Ist unklar, wie eine Person angesprochen werden will, empfehlen sich geschlechtsneutrale Anreden wie »Guten Tag«, »Guten Morgen«, »Hallo«, »Guten Abend«, etc. Auch die Verwendung von Vornamen und Nachnamen vermeidet eine Geschlechtszuweisung. »Guten Morgen, Max Meyer« könnte die Anrede in einer Mail dann beispielsweise lauten.

Mit dem wachsenden Verständnis dafür, dass die passende Anrede und das gewünschte Pronomen sich nicht verlässlich aus dem Vornamen oder dem Aussehen einer Person erschließen lassen, setzt es sich immer mehr durch, eine Person ganz selbstverständlich nach ihrem Pronomen zu fragen. Wenn Lenn mit den Pronomen they/their angesprochen werden will, so braucht es dann nur ein wenig Übung, um theirs Wunsch zu erfüllen – auch dann, wenn they nicht anwesend ist. Und wenn Ka keine Pronomen möchte, so gilt das Gleiche. Kas Wunsch kann ebenfalls erfüllt und auch in Kas Abwesenheit für Ka kein Pronomen benutzt werden. Als praktikabel und hilfreich hat sich auch die Praxis bewährt, auf Namensschildern bei Veranstaltungen, bei Online-Meetings, in der E-Mail-Signatur oder auf Visitenkarten ganz selbstverständlich hinter dem eigenen Namen eine Angabe wie, sie/ihr, er/ihm, kein Pronomen, they/their, etc. zu vermerken. Diese Praxis macht es möglich, alle Personen respektvoll anzusprechen, und zeigt nicht binären Menschen, dass sie mitgedacht werden. Die Angabe des Pronomens ist dabei nicht mit einer Geschlechtsangabe zu verwechseln. Denn eine genderneutrale

Ansprache kann auch einer Frau oder einem Mann ein Anliegen sein und, wie im Kapitel ab S. 170 beschrieben, kann eine nicht binäre Person umgekehrt die Entscheidung treffen, mit einem der binären Pronomen sie oder er zu leben.

Ist es von Belang, das Geschlecht einer Person zu erfassen, und wird dieses schriftlich abgefragt, so kann geschlechtlicher Vielfalt dadurch Rechnung getragen werden, dass neben »männlich« und »weiblich« auch »divers« sowie andere Optionen wie »keine Angabe« angeboten werden. Auf diese Weise wird auch nicht binären Menschen eine passende Antwort ermöglicht.

3. GENDERNEUTRALE BEGRIFFE UND UMSCHREIBUNGEN VERWENDEN

Genderneutrale Begriffe stellen eine einfache und inzwischen schon in vielen Bereichen etablierte Möglichkeit dar, Geschlecht nicht unnötig zum Thema zu machen. Zum Beispiel lässt sich Betriebsleiter/Betriebsleiterin durch Betriebsleitung ersetzen, Student/Studentin durch Studierende, Lehrer/Lehrerin durch Lehrkraft etc. Auch Umschreibungen können helfen, sich genderneutral auszudrücken: Freund/Freundin ist dann eine befreundete Person oder ein Mensch, mit dem ich freundschaftlich verbunden bin. Eine weitere Möglichkeit stellen in der schriftlichen Kommunikation Sonderzeichen bei der gegenderten Wortendung dar, zum Beispiel: Freund*in, Freund:in oder Freund_in. Der Kreativität sind keine Grenzen gesetzt und jeder Mensch ist frei darin, in einem ihm gemäßen Sprachstil nach genderneutralen Formulierungen Ausschau zu halten. Wer etwa Sonderzeichen nicht mag, muss sie nicht nutzen. Es gibt viele Möglichkeiten, die Frage des Geschlechts sprachlich in den Hintergrund treten zu lassen und alle Menschen einzubeziehen.

4. FUNKTIONSBESCHREIBUNGEN NUTZEN

Bei der Bezeichnung von Orten wie Toiletten und Umkleideräumen ist es keineswegs zwingend notwendig, das Thema Geschlecht ins Spiel zu bringen. Die Achtung vor der Privatsphäre jeder einzelnen Person lässt sich in vielen Bereichen auch mit Hilfe einer funktionellen Beschreibung und entsprechenden Piktogrammen sicherstellen. Beispielsweise: »Toilette mit Urinal«, »Toilette mit Einzelkabinen«, »Einzelkabinen mit Waschgelegenheit«, »Einzelkabinen mit Wickeltisch«, etc. Bei entsprechender räumlicher Gestaltung braucht niemand zu befürchten, dass das Bedürfnis nach Privatsphäre und der Schutz persönlicher Grenzen verletzt werden, weil keine Trennung nach Männern und Frauen vorgenommen wird. Sind solche räumlichen Möglichkeiten nicht vorhanden, zeigt sich der Respekt vor nicht binären Menschen darin, die Problematik anzuerkennen und nach einer praktikablen Lösung zu suchen. Schon die Tatsache, dass es als Problem anerkannt und angesprochen wird, dass es nur Herren- und Damentoiletten gibt und die räumlichen Bedingungen schwierig sind, zeigt mir als nicht binärer Person an, dass ich mitgedacht werde.

5. NICHT BINÄRE ELTERN MITDENKEN

Die Annahme, jedes Kind habe eine Frau und einen Mann als Eltern, wobei die Frau das Kind zur Welt gebracht hat, ignoriert die Vielfalt von Familienkonstellationen. Sie schließt nicht binäre

Eltern(teile) ebenso aus wie beispielsweise Alleinerziehende, Familien mit mehr als zwei Erwachsenen, lesbische und schwule Elternpaare oder Pflege- und Adoptiveltern. Nicht jedes Kind hat Mutter und Vater, sondern vielleicht nur ein Elternteil, zwei Mütter oder Väter, ein oder zwei nicht binäre Elternteile oder lebt in anderen Konstellationen. Die Elternteile eines Kindes sollten daher – unabhängig vom Aussehen – nicht ungefragt als Mutter und Vater bezeichnet werden.

»In der Krabbelgruppe, da war es ganz schlimm. Ich war halt immer **die** *Mama. Ich wurde angeguckt und wurde halt als Mama einsortiert. Und da es ja nur eine Mama geben kann, hatte ich ja automatisch auch dieses Kind zur Welt gebracht und habe ja auch automatisch einen Mann. Also, es gibt so viele Verannahmen, und das passt ja immer alles nicht. … Zu Nichtbinarität sind wir gar nicht gekommen. Sie haben mich irgendwann dann als Lesbe angesehen, nicht als nicht binär.« (Charly)*

Momentan gibt es keine allgemein gebräuchliche Bezeichnung für ein Elternteil, das sich als nicht binär versteht. Vor diesem Hintergrund müssen sich nicht binäre Eltern(teile) für individuelle Lösungen bei der Ansprache entscheiden. Sie lassen sich vielleicht von ihrem Kind mit dem Vornamen ansprechen, mit Mama oder Papa oder mit einer selbstgewählten individuellen Bezeichnung. Nicht binär zu sein als eine Selbstverständlichkeit anzuerkennen, bedeutet, die selbst gewählten und dem Kind vertrauten Ansprachen für seine Eltern zu erfragen und zu achten. Das ist insbesondere auch für das Kind selbst sehr wichtig, da es ansonsten unnötigerweise verunsichert wird.

»Mein Kind sagt Mama zu mir. Zuerst fand ich das schwierig, aber dann habe ich mich entschieden, dass das okay für mich ist.« (Nele)

»Allein schon einen Begriff für mich als nicht binäres Elternteil zu finden, ist schwierig. Ich habe mir für mich einen Begriff ausgedacht, den hat dann unser Kind auch voll angenommen in den ersten zwei Jahren. Aber sie hat schnell verstanden, wie das in der Gesellschaft so ist, und verwendet diesen Begriff in der Öffentlichkeit einfach nicht. ... Ich will ihr das Leben nicht schwer machen, aber mir halt auch nicht. Ich will irgendwie ich selbst sein können. Und trotzdem will ich das Kind, Kind sein lassen können. Und dazwischen hantiere ich so rum. ... Wichtig war, dass sie in meiner Verwandtschaft den von mir erfundenen Elternbegriff akzeptiert haben. Manchmal benutzen sie jedoch auch Mama und das finde ich nicht gut, weil es das Kind durcheinander bringt.« (Charly)

Ist es einmal selbstverständlich, zu erfragen, ob ein Kind ein oder mehrere Elternteile hat und wie es diese nennt, so vermittelt das allen Eltern und allen Kindern die Botschaft, dass sie dazugehören und anerkannt werden, egal in welcher Familienkonstellation sie leben.

6. DIE EXPERTISE NICHT BINÄRER MENSCHEN NUTZEN

Es ließen sich noch viele weitere Beispiele für alltägliche Situationen auflisten, in denen Menschen im privaten wie im beruflichen Bereich gewohnheitsmäßig ein Geschlecht zugewiesen wird, obwohl die Frage des Geschlechts in der Situation völlig irrelevant ist. Wie Lann Hornscheidt und Ja'n Sammla in ihrem Praxishandbuch »Wie schreibe ich divers? Wie spreche ich gendergerecht?« aufzeigen, gibt es zahlreiche Möglichkeiten, diese Zuweisungen zu vermeiden und eine diskriminierungskritische Sprache zu entwickeln. Doch Geschlecht nur dann zu thematisieren, wenn es für den Zusammenhang von Bedeutung ist, setzt voraus, diese Situationen überhaupt zu identifizieren. Cis Menschen bemerken oftmals allerdings gar nicht, dass sie Geschlecht zum Thema machen, da sie selbst das ihnen zugewiesene Geschlecht als stimmig empfinden. Nicht binäre Menschen haben dagegen aufgrund ihrer Erfahrungen eine hohe Sensibilität hierfür entwickelt. Diese Expertise nicht binärer Menschen kann anderen helfen, ein Gespür dafür zu entwickeln, wann und wodurch Geschlecht unnötigerweise aufgerufen wird. Besteht die Bereitschaft, zuzuhören und nicht in eine Rechtfertigungs- oder Abwehrhaltung zu verfallen, wenn eine nicht binäre Person auf Misgendern aufmerksam macht, so können Hinweise auf Misgendern in diesem

Sinne als Hilfestellung begriffen und genutzt werden, um überflüssige Geschlechtszuweisungen zukünftig zu vermeiden.

Dabei geht es nicht darum, keine »Fehler« zu machen oder vor lauter Angst vor (falschen) Geschlechtszuweisungen nicht mehr frei sprechen zu dürfen. Wer in einer binären Geschlechterkultur aufgewachsen ist, braucht Übung, um eingeschliffene Gewohnheiten abzulegen und andere nicht ständig in »weiblich« und »männlich« einzuteilen. Insbesondere in der deutschen Sprache ist das nicht in jedem Fall einfach und es ist davon auszugehen, dass Misgendern immer wieder vorkommen wird.

Es geht also nicht darum, Misgendern um jeden Preis zu vermeiden. Macht eine Person darauf aufmerksam, dass ihr fälschlicherweise ein binäres Geschlecht zugewiesen wurde, so zeigen sich Akzeptanz und Respekt vielmehr darin, dass dieser Hinweis ernst genommen und ohne große Diskussion korrigiert wird, eventuell begleitet von einer kurzen Entschuldigung.

»Mir ist es total unangenehm, wenn jemand dann so ein riesiges Trara macht und sich wortreich entschuldigt und erklärt, warum und wieso er das jetzt gesagt hat und dass er einen natürlich anerkennt und dass ich das jetzt nicht missverstehen soll, usw. usw. ... Am liebsten ist mir, wenn jemand, der ›Frau Meier‹ gesagt hat, sich einfach korrigiert und so etwas sagt wie: ›Entschuldigung, Ka Meier, natürlich‹ und dann geht es weiter.« (Ka)

Mit der Zeit lernen alle, die sich auf diesen Prozess einlassen, eingeschliffene Sprachmuster, die nicht binäre Menschen ausgrenzen, zu verändern. Es wird ihnen mehr und mehr zur Selbstverständlichkeit, Geschlecht nur da zu thematisieren, wo es notwendig ist und in diesem Sinne das zu praktizieren, was Lann Hornscheidt und Lio Oppenländer 2019 in ihrem gleichnamigen Buch mit »Exit Gender« bezeichnet haben.

»EXIT GENDER« UND GENDERGERECHTIGKEIT

Aus der Thematisierung von Geschlecht auszusteigen ist nicht zu verwechseln damit, so zu tun, als spielte Geschlecht in unserer Gesellschaft heute keine Rolle mehr. Immer dann, wenn es darum geht, Benachteiligungen, Diskriminierungen und Gewalt sichtbar zu machen, die Menschen aufgrund von Geschlecht erfahren, muss das benannt werden. Beispielsweise ist es zum Abbau von patriarchalischen Strukturen und sexistischer Gewalt gegen Frauen notwendig, Geschlecht in den Blick zu nehmen. Eine Quotenregelung, die dafür sorgt, die gläserne Decke zu durchstoßen, die cis Männern die Mehrheit in Spitzenpositionen sichert, lässt sich beispielsweise anders nicht durchsetzen. Geschlecht nur dann zum Thema zu machen, wenn es notwendig ist, bedeutet zu differenzieren. Geht es darum, aufzudecken, dass Menschen aufgrund ihres Geschlechts benachteiligt und diskriminiert werden und Gewalt erfahren? Oder ist es unnötig, Geschlecht zum Thema zu machen, beziehungsweise im Sinne der Gleichberechtigung aller Geschlechter sogar kontraproduktiv? Menschen nicht einfach als Menschen zu sehen, sondern sie in Geschlechterkategorien einzuteilen, ist schließlich die Wurzel geschlechtlicher Ungleichheit und genderbasierter Gewalt. Gerade Sexismus zeigt sich vielfach genau darin, dass eine Person nicht einfach als Mensch gesehen und behandelt wird, sondern als Frau markiert wird, um sie auf eine dem Mann untergeordnete Position zu verweisen. Aus der Thematisierung von Geschlecht auszusteigen, bietet daher auch die Chance Benachteiligungen und Diskriminierungen, die Menschen aufgrund von Geschlecht erfahren, abzubauen. Dazu gehören in unserer Gesellschaft cis Frauen ebenso wie alle, die bezüglich sexueller Orientierung oder Geschlecht von der Norm »männlich, heterosexuell« abweichen, oder in anderer Form die herrschenden Geschlechternormen herausfordern.

Je mehr Menschen bereit sind, zu differenzieren und unnötige Geschlechtszuweisungen zu unterlassen, desto selbstverständlicher wird es, dass Menschen sich mit einer offenen Haltung begegnen und sich in erster Linie als Menschen sehen. Es entwickelt sich eine inklusive Geschlechterkultur, in der die Zugehörigkeit von Menschen zu einem bestimmten Geschlecht generell an Bedeutung verliert und es selbstverständlich werden kann, nicht binär zu leben.

»ICH WÜNSCHE MIR GENERELL, DASS ALLES NICHT SO EINDIMENSIONAL GESEHEN WIRD«

NICHT BINÄR LEBEN ALS SELBSTVERSTÄNDLICHKEIT UND CHANCE

DIE SEHNSUCHT NACH SELBSTVERSTÄNDLICHKEIT

Die Sehnsucht danach, ganz selbstverständlich nicht binär zu leben, wurde in allen Interviews immer wieder zum Ausdruck gebracht. Mit dieser Sehnsucht nach Selbstverständlichkeit verbindet sich der Wunsch, einfach dazuzugehören, die eigene Existenz nicht erklären oder gar rechtfertigen zu müssen und frei von Angst vor Benachteiligung, Diskriminierung, Ausgrenzung und Gewalt so leben zu können, wie es der eigenen Person entspricht.

»Wenn es selbstverständlich ist, nicht binär zu sein, fühle ich mich voll wohl« (Tim)

»Ich wünsche mir, dass Nichtbinarität selbstverständlich wird und überall vorkommt, dass die Sichtbarkeit von Nichtbinarität vorangetrieben wird, nicht nur von uns queeren Menschen, sondern generell.« (Mika)

»Mein größter Wunsch ist, ernst genommen zu werden, dass Nichtbinarität nicht abgetan wird als: ›Habt ihr sonst keine Probleme?‹, und dass es selbstverständlich ist, dass ich dazugehöre.« (Quin)

»Ich wünsche mir Menschen, die mich so sehen, wie ich bin. Menschen, für die es selbstverständlich ist, dass es nicht binär gibt und die mich selbstverständlich ohne Pronomen ansprechen.« (Charly)

Nicht binär zu sein als Selbstverständlichkeit zu begreifen, heißt auch, es nicht als etwas Problematisches anzusehen, sondern als etwas, das die Vielfalt des Lebens akzeptiert, begrüßt und feiert.

»Ich wünsche mir, dass ich nicht zum Problem gemacht werde. Ich habe gestern mit meiner Oma telefoniert. Sie hat mich immer unterstützt und ist ganz toll. Aber sie sagt immer: ›Deine Problematik‹. Wo ich ihr immer zu erklären versuche: ›Oma, das ist mein Thema. Aber es ist kein Problem‹. Das regt mich immer wieder auf. Ich nehme es ihr nicht übel, aber trotzdem.« (Charly)

NICHT BINÄR LEBEN GEHT ÜBER GESCHLECHT HINAUS

So belastend und schwierig sich das Leben als nicht binärer Mensch in dieser Gesellschaft auch momentan noch gestalten mag, gleichzeitig ist es befreiend, sich von Binarität und binärem Denken loszulösen. Diese Loslösung wird als äußerst beglückend, bereichernd und stärkend wahrgenommen. Nicht binär zu leben ist unweigerlich damit verbunden, Ambivalenzen auszuhalten, über scheinbar alternativlose Dualität hinauszudenken und der Vielfältigkeit des Lebens Geltung zu verschaffen. In diesem umfassenderen Verständnis geht nicht binär zu sein über das Thema Geschlecht hinaus. Es steht für das Bemühen, andere Menschen generell einfach als Mensch zu sehen, Kategorisierungen und Bewertungen zurückzustellen, vielfältige Perspektiven zuzulassen und dem Leben mit Neugier zu begegnen.

»Es geht um meine generelle Haltung, wie ich Menschen sehe, und dass ich einem Menschen erst einmal ohne Bewertung entgegentrete, egal um was es geht. Es geht darum, dass ich erst einmal zuhöre und einen Menschen angucke, ohne dass ich ihn gleich irgendwo einordne. ... Ich merke, dass es etwas total Schönes mit sich bringt, dass ich so durch die Welt gehe, und das gibt mir viel Stärke. Es geht für mich viel um Haltung und nicht um ein Wort wie nicht binär.« (Nele)

»Nichtbinarität betrifft nicht nur mein Geschlecht, sondern auch die Frage wie nehme ich generell die Welt wahr? ... Ich fühle mich sehr wohl, wenn es Räume gibt, in denen Ungleichzeitigkeiten gesehen werden. Wo vieles auf einmal da sein darf. Wo Personen nicht in Kategorien gesteckt werden, und dass das, was Menschen erleben, nicht eindimensional gesehen wird.« (Tim)

»Nicht binär zu sein heißt für mich neugierig zu sein, neugierig auf Leben und Spielen. Ich möchte Lust am Leben haben. ... Es ist natürlich auch anstrengend und gleichzeitig bekommst du sehr viel.« (Moo)

Eine solche, neugierige Haltung zur Welt ist nicht nur für nicht binäre Menschen selbst bereichernd. Sie stellt vielmehr eine Chance für alle dar, ein Denken zu überwinden, das der Komplexität und der Realität der Welt nicht gerecht wird. Schwarz/weiß, richtig/falsch, gesund/krank, weiblich/männlich: Die Einteilung von Menschen in binäre Kategorien legitimiert Hierarchien und blockiert ein vielfältiges und gleichberechtigtes Miteinander. Binäres Denken vergrößert dabei Konflikte und trennt die Menschen voneinander ab, weil es Vielschichtigkeit nicht zulässt und Ambivalenzen keinen Raum haben. Aus einem binären Schwarz-Weiß-Denken auszusteigen, öffnet dagegen den Blick in vielfacher Hinsicht für die Wahrnehmung einer vielschichtigen und lebendigen Realität, die nicht von rigiden, ausschließenden Kategorien, starren Konzepten, Vorurteilen und unreflektierten Denkgewohnheiten getrübt wird. Die Sehnsucht danach, dass nicht binäres Leben als selbstverständlich angesehen und anerkannt wird, ist in diesem Sinne eine Sehnsucht, die weit über die Akzeptanz geschlechtlicher Vielfalt hinausgeht. Es ist die Sehnsucht nach einer Welt, in der sich jeder Mensch – egal, welche körperlichen Eigenschaften er hat, was seine Herkunft, Religion oder soziale Klasse ist – in seinem So-Sein frei entfalten kann. Es ist die Sehnsucht danach, dass Menschen sich nicht trotz, sondern wegen ihrer Unterschiedlichkeit schätzen, mit Neugier aufeinander zugehen, sich auf Augenhöhe begegnen, Konflikte konstruktiv austragen und ihr Zusammenleben als Gleiche und Verschiedene gemeinsam gestalten.

DANKE

Ohne all die Menschen, die sich seit Jahrzehnten gegen Diskriminierungen aufgrund von Geschlecht, für die Sichtbarkeit von geschlechtlicher Vielfalt und den Respekt gegenüber queeren Menschen einsetzen, wäre dieses Buch nicht möglich gewesen. Ich danke allen, die in den verschiedenen sozialen Bewegungen und Communitys und zum Beispiel in der Wissenschaft, in der Literatur, in Diskussionen, bei Demonstrationen, in aktivistischen Aktionen und in ganz alltäglichem diskriminierungskritischem Handeln dafür eingetreten sind, dass alle Menschen ihr Leben ohne Angst vor frauenverachtender oder queerfeindlicher Diskriminierung und Gewalt leben können.

Insbesondere danke ich denen, die den Mut hatten, sich als nicht binäre Menschen sichtbar zu machen, menschenverachtenden Angriffen auf ihre Person dabei zu trotzen und für ihre Rechte einzutreten. Sie haben nicht nur erreicht, dass es in Deutschland mehr als zwei Optionen im Personenstand gibt und waren aktiv daran beteiligt, dass ein Selbstbestimmungsgesetz verabschiedet wurde. Sie haben auch den Boden dafür bereitet, dass nicht binäres Leben zunehmend sichtbar und als Selbstverständlichkeit akzeptiert wird. Dass geschlechtliche Vielfalt trotz aller Angriffe auf trans* und nicht binäre Menschen immer unübersehbarer wird, zeigte sich etwa 2022 bei der Verleihung des Deutschen Buchpreises an Kim de l'Horizon und beim European Eurovision Contest 2024, als Nemo den Sieg mit einem Song davontragen konnte, der vom Weg zur eigenen nicht binären Existenz handelt und diese feiert.

Ich hoffe, dass auch dieses Buch einen kleinen Beitrag dazu leisten kann, dass die Zahl der Menschen wächst, die geschlechtliche Vielfalt als selbstverständlich begreifen und dass wir uns als nicht binäre Menschen weiter verbinden und gegenseitig empowern. Für mich persönlich hat sich diese Hoffnung durch die Arbeit an diesem Buch in gewisser Weise schon erfüllt. Dieses Buch zu schreiben war für mich so herausfordernd und kräftezehrend wie es bereichernd und stärkend war. Ich möchte mich bei allen bedanken, die mich dabei getragen und unterstützt haben und ohne die es dieses Buch nicht gäbe.

Insbesondere danke ich:

* dem Verlag w_orten & meer, der es möglich macht, dass diskriminierungskritische Bücher wie dieses überhaupt erscheinen können. Ich danke für die spontane Bereitschaft, dieses Buch zu verlegen und den kreativen Einsatz aller, die an seiner Gestaltung beteiligt waren. Mein besonderer Dank gilt Lann Hornscheidt für zahlreiche Hinweise und Vorschläge, die entscheidend dazu beigetragen haben, dass das erste Manuskript sich inhaltlich und formal zu dem jetzt vorliegenden Buch entwickeln konnte.

* meiner Lektorin Marianne Eppelt für ihre überaus sorgfältige und genaue Bearbeitung des Textes. Ihre kritischen Nachfragen haben mich so manches Mal zum Nachdenken gebracht. Sie haben zu präziseren Schreibweisen und Formulierungen und manchmal zu ausführlicheren Erklärungen angeregt. Besonders dankbar bin ich für die Hinweise darauf, dass mein Sprachstil bisweilen eher akademisch geprägt ist. Mit jeder Überarbeitung

des Manuskripts ist er einer flüssigeren und verständlicheren Sprache gewichen.

* den Personen, die das Manuskript oder einzelne Kapitel im Laufe des Entstehungsprozesses kritisch gelesen haben. Sie haben mir nicht nur wertvolle Rückmeldungen gegeben, sondern mich immer wieder ermutigt und gestärkt.

* allen Freund*innen und vertrauten Menschen, die mich in vielfacher Weise dabei unterstützt haben, meinen eigenen Weg zu finden, und die mir die Kraft geben, dieses Buch zu veröffentlichen und offen nicht binär zu leben.

Mein besonderer Dank gilt meinen Interviewpart*nerinnen. Sie haben mich mit ihrer Offenheit teilhaben lassen an ihren inneren und äußeren Auseinandersetzungen auf dem Weg zu ihrem je eigenen Selbstverständnis als nicht binär und damit die Grundlage für dieses Buch geschaffen. Ich bedanke mich von ganzem Herzen für das Vertrauen, das sie mir geschenkt haben und für die bereichernde und stärkende Verbindung, die ich in jedem Interview erfahren durfte.

Unbeschreiblich bleibt, was meine Partnerin für mich und meine Arbeit bedeutet. Heidi, ich danke dir!

ZUM NACHSCHLAGEN

AGENDER

wird von manchen nicht binären Menschen als Selbstbezeichnung verwendet und drückt aus, dass die Person sich ohne Geschlecht begreift.

BIGENDER

Selbstbezeichnung für eine Person, die sich selbst als zweigeschlechtlich begreift, z. B. als Mann und Frau zugleich.

BINÄRE GESCHLECHTERORDNUNG

auch Zweigeschlechterordnung genannt, ist eine Geschlechterordnung, die von der Annahme ausgeht, dass es genau zwei Geschlechter gibt, jede Person sich also eindeutig als Mann oder Frau kategorisieren lässt.

BINDER

auch Brustbinder oder BH-Binder genannt, ist ein Kleidungsstück, mit dem die Brust abgeflacht werden kann.

COMING-OUT

heißt wörtlich »herauskommen«. Das sogenannte äußere Coming-out bezeichnet bezogen auf nicht binäre Menschen den Schritt einer Person, ihrem Umfeld mitzuteilen, dass sie sich als nicht binär versteht. Coming-out ist nicht als einmalige Aktion zu verstehen, sondern als Prozess. Die Möglichkeiten eines Coming-outs werden stark von den Lebensbedingungen einer Person beeinflusst.

CIS ODER CIS-GESCHLECHTLICH

werden Personen genannt, die sich dem Geschlecht

zugehörig fühlen, das ihnen bei der Geburt zugewiesen wurde. Cis (engl. »diesseits«) ist in diesem Sinne das Gegenteil von trans*.

CISNORMATIVE GESELLSCHAFT

ist eine Gesellschaft, in der davon ausgegangen wird, dass jede Person sich lebenslang mit dem Geschlecht identifiziert, das ihr bei der Geburt zugewiesen wurde. Dabei wird Geschlecht als etwas begriffen, das an den Genitalien ablesbar ist. Cis zu sein, wird zur Norm erklärt, andere Geschlechter gelten als Abweichung von dieser Norm.

DEADNAME

ist der alte, abgelegte Name einer trans* oder nicht binären Person. Personen mit ihrem Deadname anzusprechen, ist respektlos und verletzend.

ENBY

englische Abkürzung für nb = **n**on-**b**inary (=dt. nicht binär).

FLINTA

Akronym für **F**rauen, **L**esben, **i**nter*, **n**icht binär, **t**rans* und **a**gender

GENDERFLUID

Selbstbezeichnung von Personen, die ihr Geschlecht als etwas Fließendes begreifen, das heißt, als etwas, das sich immer wieder verändert.

GENDERFREI

Selbstbezeichnung für eine Person, die keinen inneren Bezug zu den Begriffen Mann, Frau hat, sich als außerhalb binärer Geschlechtssysteme stehend begreift bzw. generell die Zuordnung zu einem Geschlecht/Gender für ihre Person ablehnt.

GENDERGERECHTE SPRACHE

Sprachform, die alle Menschen so benennt, wie sie sich

verstehen und unabhängig von geschlechtlichen Zuordnungen mit einbezieht. Es existieren verschiedene Strategien der gendergerechten Sprache: Genderinkludierende Formen benutzen Sonderzeichen, z. B.: Lehr*erin, Lehrer:in. Genderneutrale Formen rufen Geschlecht nicht auf, z. B. Lehrkraft oder »Person, die unterrichtet«.

GENDERISMUS
benennt die Diskriminierungsstruktur, z. B. sexistische Gewalt (statt Gewalt gegen Frauen) (vgl. Hornscheidt & Sammla, 2021).

GENDERQUEER
wird von manchen nicht binären Personen als Selbstbezeichnung verwendet und drückt aus, dass die Person sich außerhalb des binären Systems versteht.

GENDERNONKONFORM
bedeutet die Nichtübereinstimmung mit Normvorstellungen, die in einer Gesellschaft bezüglich eines Geschlechts herrschen. Gendernonkonforme Personen durchkreuzen die Erwartungen an ein geschlechtlich eindeutiges Auftreten als Frau oder Mann. Von einem gendernonkonformen Aussehen kann nicht darauf geschlossen werden, dass eine Person sich als nicht binär begreift. Dies kann, muss aber nicht der Fall sein.

HETERONORMATIVE GESCHLECHTERORDNUNG
ist eine Geschlechterordnung, die durch drei Grundannahmen gekennzeichnet ist: 1.) Es existieren nur genau zwei Geschlechter: Mann und Frau (Binarität), 2.) Mann und Frau sind natürlicherweise sexuell aufeinander bezogen (Heterosexualität) und 3.) Männlichkeit gilt als höherwertig und Männer sind privilegiert (Hierarchie). Mit der zunehmenden Sichtbarkeit queerer Menschen und

den Erfolgen feministischer Arbeit wird die Brüchigkeit dieser Geschlechterordnung immer deutlicher.

INTERGESCHLECHTLICH ODER INTER*

ist eine Bezeichnung für Menschen, deren körperliche Merkmale (Genitalien, Chromosomen, Hormone) nicht den Kriterien entsprechen, die für die Einordnung in die Kategorie Junge/Mädchen bzw. Mann/Frau festgelegt wurden. Das Sternchen in der Bezeichnung inter* steht für die Vielfalt der Selbstbezeichnungen intergeschlechtlicher Menschen. Wie ein intergeschlechtlicher Mensch sich bezüglich seiner Geschlechtlichkeit begreift, ist sehr unterschiedlich. Nach aktuellen Daten verstehen sich etwa ein Drittel aller inter* Menschen als nicht binär (Petersen 2021), die anderen als Frau oder als Mann. Die Häufigkeit von inter* liegt je nach Definition zwischen 1:500 und 1:1.000. Eine Krankenhausstudie in NRW zur medizinischen Einordnung bei Neugeborenen (Krämer & Sabisch 2017) kam zu dem Ergebnis, dass eines von 3.000 Neugeborenen gar nicht einem bestimmten Geschlecht zugeordnet werden konnte und bei einem von 100 Neugeborenen wurde festgestellt, dass es akut oder im späteren Leben zu Uneindeutigkeiten bei der Zuordnung kommen könnte. Bis vor wenigen Jahren wurden intergeschlechtliche Neugeborene bereits im Säuglingsalter an den Genitalien operiert, um sie zwangsweise einer der beiden Kategorien »männlich« oder »weiblich« zuzuordnen. Seit 2022 sind solche medizinisch nicht indizierten kosmetischen Operationen an intergeschlechtlichen Kindern verboten. Die Anzahl der Operationen an intergeschlechtlichen Kindern ist trotz dieses Verbots seither jedoch nicht gesunken.

KÖRPERDYSPHORIE UND KÖRPEREUPHORIE

Leidensdruck, der entsteht, weil körperliche Merkmale nicht mit dem eigenen Erleben bzw. Empfinden des Körpers übereinstimmen. Körpereuphorie beschreibt im Gegenteil ein beglückendes Gefühl des inneren Annehmens und der Übereinstimmung mit dem eigenen Körper.

LSBTIQ*

Abkürzung für lesbisch, schwul, bisexuell, trans*, inter* und queer. Das Sternchen ist ein Platzhalter und steht für die zahlreichen weiteren Selbstbezeichnungen bezüglich Geschlecht und/oder sexueller Orientierung.

MASTEKTOMIE

chirurgischer Eingriff, bei dem das Brustgewebe entfernt wird.

MISGENDERN

bedeutet, einer Person unabsichtlich oder absichtlich ein Geschlecht zuzuordnen, das ihr nicht entspricht. Eine Person korrekt anzusprechen, zeugt von Respekt. Unbeabsichtigtes Misgendern geschieht oftmals aus Unkenntnis und aufgrund tief verankerter sprachlicher Gewohnheiten. Bewusstes Misgendern ist eine Form sprachlicher Gewalt gegen nicht binäre und trans* Personen.

NEOPRONOMEN

genderneutrale Pronomen, die neu eingeführt werden, da in der deutschen Sprache neben den Pronomen sie und er kein genderneutrales Pronomen für Personen in der dritten Person Singular zur Verfügung steht, z. B.: sier, xier, hen, ens, nin, they. Während im Schwedischen hen allgemein anerkannt ist und sich im englischsprachigen Raum they immer mehr durchsetzt, ist im Deutschen bislang kein Neopronomen allgemein anerkannt.

NICHT BINÄR – NON BINARY

ist ein Schirmbegriff für Menschen, die sich weder als Frau noch als Mann begreifen. Nicht binär zu leben, hat viele verschiedene Ausprägungen. Manche nicht binären Personen beziehen sich auf ein Spektrum von Männlichkeit und Weiblichkeit. Sie begreifen sich als »weiblich« und »männlich« zugleich, verorten sich irgendwo auf einer Linie zwischen den binären Geschlechtern oder bewegen sich zwischen diesen Polen hin und her. Andere sehen sich außerhalb der binären Ordnung stehend, stellen Geschlecht generell in Frage oder sehen es als etwas für jeden Menschen Individuelles an. Nicht alle Personen, die unter den Schirmbegriff nicht binär fallen, verwenden den Begriff nicht binär auch als Selbstbezeichnung. Es existiert vielmehr eine Vielzahl von Selbstbezeichnungen, wie z. B. genderfluid, genderfrei, genderqueer, agender, bi-gender, polygender und vieles mehr, mit denen eine Person spezifischer zum Ausdruck bringen kann, wie sie sich geschlechtlich versteht.

POLYGENDER

wird von manchen nicht binären Menschen als Selbstbezeichnung verwendet und drückt aus, dass die Person sich mehr als einem Geschlecht zuordnet.

QUEER

Der Begriff wird in unterschiedlicher Bedeutung verwendet. Er wird als Sammelbegriff für alle Menschen benutzt, die bezüglich der Frage von Geschlecht oder sexueller Orientierung die Normen einer cis-normativen Ordnung nicht erfüllen. Er bezeichnet zudem eine Denkrichtung, deren Ziel es ist, die binäre Ordnung zu dekonstruieren bzw. deren Konstruktionsmechanismen aufzudecken.

REGENBOGENFAMILIE

ist eine Familie, in der mindestens ein Elternteil LSBTIQ* ist.

SEXUALISIERTE/ GENDERBASIERTE GEWALT

hierunter werden alle Formen von Gewalt verstanden, die Menschen aufgrund ihres Geschlechts erfahren und die darauf gerichtet sind, sie in ihrer geschlechtlichen Integrität und Würde zu verletzen oder in ihren Entfaltungsmöglichkeiten einzuschränken. Die direkten Formen sexualisierter/genderbasierter Gewalt reichen von verbalen Abwertungen sowie sexistischen Witzen über entsprechende Gesten, Grenzverletzungen und körperliche Übergriffe bis hin zu massiven Formen sexueller Gewalt. Sie können sich gegen Mädchen/ Frauen und LSBTIQ* richten, aber auch gegen gendernonkonforme cis Menschen. Auch alle Formen von Ausgrenzungen und strukturellen Benachteiligungen, die Menschen aufgrund von Geschlecht und/oder sexueller Orientierung erfahren sind im Sinne dieser Definition sexualisierte/genderbasierte Gewalt.

TIN

Abkürzung für trans*, inter*, nicht binär.

TRANS*, TRANS-GESCHLECHTLICH, TRANSIDENT

Bezeichnungen für Personen, die sich dem Geschlecht, das ihnen bei der Geburt zugewiesen wurde (das sog. Zuweisungsgeschlecht) als nicht zugehörig begreifen. Insbesondere im medizinischen und juristischen Diskurs ist auch der Begriff ›Transsexualität‹ gebräuchlich. Dieser ist jedoch irreführend, da es nicht um Sexualität geht, sondern um das Geschlecht. Das Sternchen in der Bezeichnung trans* bringt zum Ausdruck, dass trans* Personen sich geschlechtlich sehr unterschiedlich begreifen können. Es steht als Platzhalter für zahlreiche Selbstbezeichnungen von trans* Menschen. Nicht binäre Personen gehen mit der Bezeichnung trans* unterschiedlich um. Die einen bezeichnen sich als trans*, um auszudrücken, dass sie nicht das Geschlecht haben, das ihnen bei der Geburt zugewiesen wurde. Andere benutzen den Begriff trans* nicht als Selbstbezeichnung.

TRANSPHOBIE, TRANS*FEINDLICHKEIT

umfasst Vorurteile, negative Einstellungen, Stigmatisierung, Abwertung, Verleugnung, Befürwortung von Diskriminierung, Diskriminierung und Gewalt gegenüber trans* Menschen bzw. transgeschlechtlichen Existenzweisen – sowohl in direkter Form als auch strukturell z. B. in Form staatlicher Benachteiligung.

TRANSITIONSPROZESS

Prozess der sozialen, juristischen und ggf. medizinischen Anpassung von trans* und nicht binären Menschen an ihr Geschlecht.

ZUM WEITERLESEN

Beratung und Fachberatung für geschlechtliche Selbstbestimmung rubicon e. V. (2021): Kleine Hausapotheke gegen den cis-normativen Alltag. URL: https://rubicon-koeln.de/wp-content/uploads/2021/05/Kleine-Hausapotheke.pdf (aufgerufen am 06.05.2024).

Faye, Shon (2022): Die Transgender Frage. Ein Aufruf zu mehr Gerechtigkeit. München: Hanser.

Herrmann, Steffen K. (2015): Politischer Antagonismus und sprachliche Gewalt. In: Sabine Hark, Paul-Irene Villa (Hg): Anti-Genderismus, Bielefeld: transcript Verlag, 79–92.

Hornscheidt, Lann & Lio Oppenländer (2019): Exit Gender. Hiddensee: w_orten und meer.

Hornscheidt, Lann & Ja'n Sammla (2021): Wie schreibe ich divers? Wie spreche ich gendergerecht? Ein Praxishandbuch zu Gender und Sprache. Hiddensee: w_orten und meer.

Landeskoordination Trans* NRW (2022): Teilhabe von trans* und nicht-binären Menschen am Sport. Köln: URL: https://queeres-netzwerk.nrw/teilhabe-von-trans-und-nicht-binaeren-menschen-am-sport-neue-broschuere-veroeffentlicht/ (aufgerufen am 06.06.2024).

Meyer, Lydia (2023): Die Zukunft ist nicht binär. Hamburg: Rowohlt Taschenbuch.

Palzkill, Birgit, Frank G. Pohl & Heidi Scheffel (2020): Diversität im Klassenzimmer*. Geschlechtliche und sexuelle Vielfalt in Schule und Unterricht. Berlin: Cornelsen.

Petersen, Jay, Kyle (2021): A comprehensive guide to intersex. London/Philadelphia: Jessica Kingsley Publishers.

Peoples, James & Garrick Alan Bailey (2011): Humanity: An Introduction to Cultural Anthropology. Washington: Cengage Learning.

Pauli, Dagmar (2023): Die anderen Geschlechter. Nicht-Binarität und andere ganz trans* normale Sachen. München: C.H.Beck.

Pruden, Harlan (2022): Two-Spirit Teachings Presented by Harlan Pruden (Nēhiyo/First Nations Cree). URL: https://www.youtube.com/watch?v=tqmUcEOCp14 (aufgerufen am 11.11.2023).

Richards, Christina, Walter Pierre Bouman & Meg-John Barker (2017): Introduction. In: Richards, Christina, Walter Pierre Bouman & Meg-John Barker (Hg.): Genderqueer and Non-Binary Genders, London: Palgrave Macmillan1–9.

Roßmöller, Mäks & Gisela Fux Wolf: Raumsuche, Raumerweiterung und Zusammenschlüsse. In: Verhaltenstherapie & Psychosoziale Praxis 2/2023, 277–299.

Singh, Anneliese A. (2024): Du bist okay! Resilienz und Empowerment für Trans* und Queers. Hiddensee: w_orten und meer.

Timmermanns, Stefan, Niels Graf, Simon Merz & Heino Stöver (2022): »Wie geht es euch?« Psychosoziale Gesundheit und Wohlbefinden von LSBTIQ*. Weinheim/Basel: Beltz Juventa.

Titman, Nat (2014): How Many People in the United Kingdom are Nonbinary? https://practicalandrogyny.com/2014/12/16/how-many-people-in-the-uk-are-nonbinary/ (aufgerufen am 6.11.2023).

Vaid-Menon Alok (2022): Mehr als binär. Berlin: Katalyst.

Voß, Heinz-Jürgen (2011): Geschlecht – Wider die Natürlichkeit. Stuttgart: Schmetterling.

Wittig, Monique (2023): Das straighte Denken. Leipzig: Merve.

Wolf, Gisela, Fux & Mari Günther & Kirsten Teren (Hg.): Quo Vadis Trans* mit der ICD 11 – Anregungen für eine entpathologisierende psychotherapeutische Arbeit mit trans*geschlechtlichen Personen. Verhaltenstherapie & Psychosoziale Praxis 2/2023.

W_ORTEN & MEER – VERLAG FÜR VERBINDENDES DISKRIMINIERUNGSKRITISCHES HANDELN

w_orten & meer ist ein Non-Profit-Verlag – Bücher und Publikationen sind für uns eine wertschätzende Gestaltung von Welt. Wir verlegen Bücher, die zu intersektionaler Gewalt empowernde Perspektiven eröffnen und neue Ausdrucksweisen anbieten. Der Verlag arbeitet sozial und ökologisch nachhaltig: bei der Herstellung und dem Transport der Bücher, beim Einrichten und Unterhalten der Büros und auf der Ebene der Bezahlung von Menschen, die an den verschiedenen Produktionsschritten für ein Buch beteiligt sind.

Weitere Informationen zu unserer Arbeitsweise sowie unser Gesamtprogramm finden sich auf unserer Webseite: www.wortenundmeer.net